D1720632

HANS JÖRG SCHRÖTTER

Einwanderungspolitik in Deutschland

Wegducken, Wegschauen, Einknicken?

EDITION
LINGENSTIFTUNG

HANS JÖRG SCHRÖTTER

Einwanderungspolitik in Deutschland

Wegducken, Wegschauen, Einknicken?

EDITION
LINGENSTIFTUNG

Inhalt

I   <u>Migration – das gesellschaftliche
Kernthema unserer Zeit?</u>   16

  1.   **Eine uralte und immer neu
geschriebene Geschichte**   24

  2.   **Einwanderungsland Deutschland
im Schlaglicht**   31
       Fragen ohne Antworten   37

  3.   **Die Sprache der Zahlen**   39
       Wir sind (k)ein Einwanderungsland   43
       1.226.496 Zuwanderer im Jahr 2013   45
       Woher kommen sie?   48

  4.   **Wie war das genau?**   53
       Klartext versus Klitterung   55
       „Asyl! Asyl!"   58
       „Asylkompromiss" und
       Artikel 16a Grundgesetz   60
       Die Hauptherkunftsländer   66
       Die deutsche „Volkszugehörigkeit"   70
       „Aufenthaltsrechtliche Illegalität
       in Deutschland"   72

5. „Die deutsche Minderheit in der
   Bundesrepublik" –
   Zeitenwende 2035? 74
   Die Wuppertaler „Scharia-Polizei" 79

II „Parallelgesellschaften" –
   Realität und Herausforderung 84

1. Parallelgesellschaften 91
   Religion vor Rechtsstaat? 96
   Streitschlichtung und
   Paralleljustiz 102

2. Multikultur oder Multikonflikt? 104
   „Islamisten sind keine
   Multikulturalisten" 106
   Multikulti ausgeträumt? 109
   „Ich wollte nie in der
   Türkei leben" 114
   „Lebenswelten junger Muslime
   in Deutschland" 115

3. Symptome im Blick –
   Wegschauen bei den Ursachen? 122
   Integration versus
   Gewaltbereitschaft? 125

III **Wegschauen und Einknicken
made in Germany** 127

1. **„Zensur made in Germany"?** 135
   „Viel Schatten im
   Integrationsbereich"? 138
   Der Sozialstaat als
   befriedender Faktor? 140

2. **Rechtsprechung versus
   Integrationspolitik** 145
   Rechtsprechung versus
   Einwanderungsrealität 150

3. **Neid auf den Nachbarn Schweiz?** ... 155

4. **„Selbstlähmung" und
   „Zeitgeistfallen"** 158
   Haben wir sie deshalb „zugelassen"? ... 159
   Berlin, Oranienplatz 164

IV **„Brauchen" wir Zuwanderung?** 169

1. Anwachsen der Wohnbevölkerung –
   nicht der Arbeitnehmerschaft 175
   Ausländer häufiger arbeitslos? 176
   Fachkräfte! Fachkräfte? 178
   Defizite? Defizite! 183

**2. Aufenthaltsrecht und
Familiennachzug** 186
Aufenthaltstitel „Blaue Karte" 189

3. Paradebeispiel Kanda 192
Keine Pisa-Punkte für
deutsche Einwanderungspolitik! 197

4. „Streitfall Ausländerkriminalität" 200

V **Magnet Europa – Wo ist der Plan?** 205

**1. Flüchtlinge, Asylbewerber,
Migranten** 212
Beendigung des Aufenthalts 224
Hauptherkunftsländer 224

**2. Flüchtlingspolitik der EU –
Fehlanzeige?** 227

3. Die europäische Rechtslage 233
„Schengen" 233
Ausgleichsmaßnahmen 235
Europol 237

4. Europäische Asylpolitik 238
„Dublin" – ineffektiv und
für Deutschland nachteilig? 242

5. Zuwanderungspolitische Ansätze der EU ... 246

Migrationspakt ... 248

Rückführungsabkommen ... 249

6. Flucht ins Paradies ... 251

„Einfallstor Türkei" ... 255

„Frontex" ... 258

Mare Nostrum ... 261

Wie Italien Flüchtlinge
nach Deutschland umleitet ... 266

Die Bundespolizei –
Retter oder Statist? ... 269

7. Binnenwanderung ... 272

Hat die EU ihre Schulaufgaben
vernachlässigt? ... 276

Das soziale Netz im Fokus? ... 280

„Sicherung der Freizügigkeit –
Unterbindung von Missbrauch" ... 283

Ein Mann sagt „Stopp" ... 286

Rumänien und die
„Masseneinbürgerungen" ... 289

Epilog ... 293

Der Autor ... 303

Impressum ... 304

Worum es geht

Die Zahl der Ausländer in Deutschland ist 2013 auf einen Spitzenwert von mehr als 7,6 Millionen gestiegen. In demselben Jahr verzeichneten wir mit 1.226.000 neuen Einwanderern oder einem Plus von 5,8 Prozent gegenüber dem Vorjahr die höchste Zuwanderung seit 1992 – so verkündete es das Statistische Bundesamt im Mai 2014. Mit anderen Worten – unser Ausländeranteil entspricht der Einwohnerzahl unserer größten Städte Berlin, Hamburg und München. Zusammen!

Das aber ist nicht alles. 16,34 Millionen Menschen haben heute in Deutschland einen „Migrationshintergrund" – das sind mindestens 20 Prozent unserer Gesamtbevölkerung.

In der Hauptstadt, soviel ist schon heute gewiss, gehört den Migranten die Zukunft. Die Kinder und Jugendlichen unter 18 Jahren in Berlin haben zu 44,7 Prozent ausländische Wurzeln. In meinem Nachbar-Bezirk Wedding stammen mehr als drei von vier Kindern aus nicht ursprünglich deutschen Familien.

Zu einem derart gefragten Einwanderungsland gehören – eigentlich – selbstbewusste Vorgaben für jeden, der einwandern will. Der Vorsitzende des Innenausschusses des Deutschen Bundestages, Wolfgang Bosbach, verkündete schon im Jahr 2000 vollmundig: „Es geht nicht um mehr Zuwanderung, sondern um qualifizierte Auswahl von Zuwanderung".[1]

Nur – wo bleibt die Umsetzung?

Im Klartext: Seit über 50 Jahren – und bis heute – ist ein schlüssiges administratives Konzept, das den Namen „Einwanderungspolitik" verdiente, nicht erkennbar. Politische Reaktionen auf die millionenfache Zuwanderung in unser Land beschränkten – und beschränken – sich bei schärferem Hinsehen auf das Zusammenspiel von „Wegschauen", von „Einknicken" und von „Schönfärben", mitunter flankiert von deutlichen Tendenzen der „Tabuisierung". In dramatischer Weise nötig geworden sind systematische, für Zuwanderer wie Einheimische plausibel nachvollziehbare Mechanismen, die den Zustrom zu steuern vermögen, dabei die Aufnahmefähigkeit des Ziellandes berücksichtigen, die Aufnahmebereitschaft der einheimischen Bevölkerung respektieren, und die entschlossen auch bei den Kernursachen der Migration ansetzen.

---

1   Wolfgang Bosbach, MdB, auf der Veranstaltung „Perspektiven der Einwanderungspolitik" am 11.09.2000 in der Konrad-Adenauer-Stiftung in Berlin.

Solche Kriterien und Maßstäbe dürfen, sollten, ja müssen – zumindest auch – die Belange des Gastlandes konkretisieren:

- Wer einwandern will, sollte sehr genau darlegen, warum er/sie sich genau dieses Land zum Ziel nimmt.

- Er/sie sollte Grundkenntnisse der Landessprache vorweisen.

- Eine solide Ausbildung sollte nicht nur Grundvoraussetzung sein; sie sollte auch den Anforderungen und Gegebenheiten eines modernen Industrielandes standhalten.

- Vor allen Dingen sollte das Profil eines jeden nach Deutschland strebenden Migranten nachvollziehbare Hinweise darauf enthalten, dass er oder sie die Bereitschaft mitbringt, sich in einem überschaubaren Zeitraum in bestem Sinne des Wortes zu integrieren.

- Flüchtlingen Schutz bieten ist eine Ehrensache für ein wohlhabendes Land in Europa. Basis des Wohlstandes aber ist auch der Respekt vor geltenden Regeln. Nicht den Cleveren gebührt die Vorfahrt, sondern den tatsächlich Bedürftigen und Bedrohten.

In diese Richtung ließe sich vielleicht ein politisches Konzept für ein kleines, dicht besiedeltes und bei Migranten weltweit überaus beliebtes Land strukturieren. Es enthielte nichts Revolutionäres oder Diskriminierendes – sondern im Gegenteil allenfalls Basiskriterien, die für klassische Einwanderungsländer simpelste Selbstverständlichkeiten darstellen.

Kanada lässt grüßen; dort weiß man, wie es geht – und man hat seit Jahren Erfolg. Zum Segen für die heimische Bevölkerung – aber ganz besonders auch zum Segen der Einwanderer, die sich akzeptiert fühlen, die dank gezielter Auswahl auf dem Arbeitsmarkt ihren adäquaten Platz bekommen und die vor allem Leitplanken vorfinden, die sie sehr konkret in die Integration zu lenken vermögen – zum Wohlergehen des gesamten Landes.

Hierzulande dagegen war Einwanderung nicht gewollt, nicht geplant – sie passierte. Genauer: Man ließ sie „passieren". Mit ungeahnt gesellschaftsverändernden, unumkehrbaren Konsequenzen.

Dieses kleine Buch plädiert vehement dafür, in der Zukunft ehrlicher mit dem Thema Zuwanderung umzugehen. Aus Fehlern, für die wir bereits heute bezahlen, sind endlich Lehren zu ziehen:

- Nur wenn wir offen reden, lassen sich Ressentiments erfassen und relativieren.

- Nur wenn wir uns trauen, genauer hinzuschauen, wer zu uns kommen will, kann eine ehrliche Akzeptanz in der heimischen Gesellschaft wachsen.

- Nur ein Land, das auch die eigenen Interessen im Blick behält, kann auf Dauer attraktiv bleiben für genau die Zuwanderer, die es vielleicht dringend braucht.

- Nur ein Land, das bestrebt ist, seine Kultur und Tradition zu bewahren und zu pflegen, kann einen Rahmen für Integration vorgeben und glaubhaft Integration einfordern.

Berlin, im Oktober 2014

Hans Jörg Schrötter

I   Migration – das gesellschaftliche Kernthema unserer Zeit?

SZENE 1

27. April 2014. 20.15 Uhr. Ein beschaulicher Sonntagabend. Im „Ersten" kommt der Tatort. Ein schrilles Thema präsentiert man uns dieses Mal. Im Weser-Jade-Port entdecken die Fahnder in einem Container Menschen. Im Scheinwerferlicht der Polizei stehen sie da – 50 oder mehr Schwarzafrikaner, von Schlepperorganisationen um die halbe Welt transportiert, heimlich, in wochenlanger Dunkelheit. Und nun jäh entdeckt, ertappt. Mit aufgerissenen Augen schauen sie ins Licht. Die Polizei bleibt fair. „Asyl" sollen sie rufen, alle miteinander. „Asyl". Sie begreifen, ahmen diese Laute nach. „Asyl" – so klingt nun der rauhe Chor.

Was hat man ihnen versprochen? Wer wollte sie in Europa? In Deutschland? Nur ein Sonntagskrimi? Leider nein. Realistischer geht es kaum. Ein Tatort legt den Zeigefinger in eine offene Wunde. In ein ganz und gar ungelöstes Problem. Fast täglich starten Hunderte Menschen von den Küsten Nordafrikas, in wackeligen Booten, in Seelenverkäufern, in Nussschalen. Auf geht's, nach Norden. Nach Europa. Und koste es das Leben.

Die Zahl derer, die illegal – also unter Missachtung unserer rechtlichen Regelungen – ins Land kommen, ist nach Schätzungen im Jahr 2013 explodiert. Ebenso wie die Zahl der Asylbewerber – nur dass es hier exakte Zahlen gibt: 127.000 Menschen stellten 2013 einen Antrag auf „politisches Asyl". Das sind mehr als doppelt so viele wie im Jahr zuvor und so viele wie in keinem anderen Land der Welt!

Dass man aus dem Großthema der Migration einen Tatort entwickelt, ist ehrenwert angesichts der Tatsache, dass die wirtschaftlichen und politischen Umstände in vielen Ländern immer wieder aus den Fugen geraten und Europa als Insel der Hoffnung erscheint. Ein Europa, das selbst soziale Probleme größeren Ausmaßes hat. Vor allem ein Europa, das sich bei Konzepten zu einer durchdachten Steuerung – oder gar einer Begrenzung – des Zustroms von Flüchtlingen als kläglich überfordert erweist.

Es wäre eine Angelegenheit der Gesellschaft und der Politik, sich zu überlegen, wie Deutschland mit den vielen Flüchtlingen umgehen soll. „Aber" – so das Fazit einer Reportage der WELT am Sonntag vom 27. 7. 2014 – „es gibt keinen Plan."[2]

---

2   WELT am Sonntag vom 27.7.2014, S. 13ff. „Der König von Aksaray"

Das ist der Punkt: Es gibt keinen Plan!

Diese Erkenntnis fällt umso heftiger ins Gewicht, wenn man sich vor Augen führt, dass wir nicht etwa vor einem neuen Phänomen stehen! „Ansturm der Armen – Die neue Völkerwanderung" – so titelte der SPIEGEL bereits am 26. Juni 2006. Im Text hieß es: „Es gibt ruhige Tage, an denen in 24 Stunden 700 schwarze Menschen die Kanaren erreichen; und es gibt die stürmischen Tage, an denen Hunderte ertrinken. Das ist die Migration, vor der Europa sich fürchtet, gegen die Europa sich wehrt, sie begann in den 90er-Jahren: diese Flucht der vielen, der Massen aus Afrika, die längst auf dem Weg sind, in Lastwagen und Bussen, zu Fuß und mit Schlauchbooten, weil sie glauben, dass sie ein Recht hatten, diese Reise anzutreten."

Was ist politisch geschehen, seit 2006? Dramatisch gewachsen sind
- die Flüchtlingszahlen,
- die Zäune und Mauern – und, vor allem,
- die Ratlosigkeit unserer politisch Verantwortlichen.

SZENE 2

Wer im Zentrum Berlins an der Station „Anhalter Bahnhof" aus der S-Bahn steigt, bewegt sich auf geschichtsträchtigem Terrain. Hier ragte einst Berlins größter Bahnhof im Stadtbild auf. Mit einer Höhe von 34 Metern und einer Binderlänge von 62 Metern besaß die Halle damals die größte Spannweite auf dem Kontinent. 40.000 Menschen konnten sich dort aufhalten. Sechs Jahre, von 1874 bis 1880, hatte man an diesem technisch aufwendigen Wunderwerk gebaut. Der Neubau wurde als Berlin-Anhaltischer Eisenbahnhof am 15. Juni 1880 von Kaiser Wilhelm I. und Reichskanzler Otto von Bismarck feierlich eingeweiht.

Ende April 1945 geriet der Anhalter Bahnhof mit vielen Schutzsuchenden zwischen die Linien der deutschen Einheiten und der über den Landwehrkanal setzenden Sowjettruppen. Nur das Eingangsportal trotzte dem Inferno. Trutzig und mahnend steht es am Rand der weiten Fläche, die bis heute im Wesentlichen unbebaut geblieben ist, und deren Weite man daher als staunender Beobachter einigermaßen ermessen kann.

Am Rand der Weite steht nun ein weißes Betonzelt. Spitz ragt es in den Himmel. Tempodrom hat man es genannt. Es dient zu Veranstaltungen der lustigeren Art. Zumeist. Und genau hier, im Herzen des westlichen Berlin, auf dem Boden, auf dem deutsche Geschichte wogte, wird am 5. Februar 2014

Wahlkampf gemacht. Ein Wahlkampf, der mit Berlin oder Deutschland allerdings rein gar nichts zu tun hat. Und es sind auch nicht etwa deutsche Politiker, die hier für ihre Wiederwahl kämpfen. Nein – der türkische Ministerpräsident Erdoğan ist auf Wahlkampftour. Seine flammende Rede hält er in der Hauptstadt der Bundesrepublik Deutschland. Im tiefsten Kreuzberg. Vor immerhin 7.000 türkischen Staatsbürgern, die in Deutschland leben. Weitere Tausende „Deutschtürken" verfolgen seine Rede vor den Fernsehschirmen.

Was hinzukommt: Ein guter Teil seiner Zuhörer oder Zuschauer wird in gut drei Jahren zu einer weiteren Wahl aufgerufen sein: zu den Wahlen zum Deutschen Bundestag. Der Doppelpass macht's möglich. Formaljuristisch klingt das wie folgt: Deutsche wählen Erdoğan – Türken wählen Merkel. Oder eben auch nicht.

Kann das „Einknicken" hierzulande grandioser illustriert sein? Dieser Doppelpass, für den sich die Sozialdemokraten im Wahlkampf im September 2013 so beharrlich aufgeplustert hatten und für den Sigmar Gabriel unter dem Motto „Wir wollen ein moderneres Staatsangehörigkeitsrecht" in den Koalitionsverhandlungen gefochten hat –

hier gewinnt er eine markante gesellschaftspoliti-sche Dimension. Wobei das Etikett „modern" schillernd ist wie kaum ein anderes. Dennoch ha-ben CDU und CSU diesen Paradigmenwechsel hin zur institutionalisierten Mehrstaatigkeit – zum gravierenden Unmut eines guten Teils ihrer angestammten Wählerinnen und Wähler – per „Wegducken" im November 2013 im Koalitions-vertrag abgesegnet.

Vorausgegangen war ein Angebot der Ära Schrö-der. Seit dem 1. Januar 2000 erhalten hier gebore-ne Kinder von Zuwanderern sozusagen automa-tisch und zusätzlich zu der von den Eltern „vererbten" Staatsangehörigkeit auch die deutsche – allerdings bis dato nur als Option. Die bisherige Pflicht, sich zwischen dem 18. und dem 23. Le-bensjahr für eine der Zuordnungen zu entschei-den und sich ohne Wenn und Aber zu einer Nati-onalität zu bekennen, wird nun ebenfalls beseitigt.

In Deutschland leben – Stand 2012 – 2,998 Millio-nen Menschen türkischer Abstammung. Wer könn-te es ihnen verübeln, wenn sie alle nun nachdrück-lich darauf pochten, ebenfalls mit beiden Pässen hierzulande leben zu dürfen? Lässt sich mit einem derart vordergründigen Etikettenschwindel eine stringente Integrationspolitik betreiben?

Das Jahresgutachten des Sachverständigenrates deutscher Stiftungen für Integration und Migration bescheinigt der Neuregelung bezeichnenderweise „eine nicht nachvollziehbare Asymmetrie". Ungelöst sei insbesondere das Problem einer unbegrenzten Vererbung der Staatsangehörigkeit auch des Herkunftslandes. Die türkische Staatsangehörigkeit folgt – wie die deutsche – dem *ius sanguinis*, der Abstammung. „Die Folge", so das Gutachten, „sind politisch und rechtlich problematische Mehrfachstaatsangehörigkeiten" – und zwar auf eine unbegrenzte Zukunft.

Überhaupt sei – trotz der zentralen Folgen der Einwanderung für die Gesamtgesellschaft – eine zuwanderungspolitische Gesamtstrategie bis heute nicht erkennbar. Auch ein offener Dialog hierüber stehe aus. Der Sachverständigenrat mahnt mit erstaunlicher Direktheit eine Vorausschau an, die – *respice finem* – jene für unsere Zukunft grundlegenden Parameter wie Ökonomie, Demografie oder Soziales in den Blick nimmt. Und er zieht das Fazit: „Es fehlt eine Migrationspolitik aus einem Guss".[3]

---

3   Jahresgutachten 2013 des Sachverständigenrates deutscher Stiftungen für Integration und Migration, vorgelegt am 29.4.2014. Es enthält eine bilanzierende Bewertung der Migrations- und Integrationspolitik der letzten fünf Jahre.

SZENE 3

Ein muslimischer Schüler betet in einem Gymnasium im Berliner Stadtteil Wedding in den Pausen auf dem Flur gen Mekka. Tags darauf stellt die Schulleiterin den Jungen zur Rede, untersagt ihm dieses Verhalten. Die Eltern des Jungen informiert sie schriftlich. Der Schüler erhebt Klage vor dem Verwaltungsgericht. Ein Experte für islamisches Recht legt in der mündlichen Verhandlung den Umfang der Gebetspflicht dar, die der Koran den Muslimen auferlegt. Wer fünfmal täglich beten müsse, könne dies pünktlich nur dann verwirklichen, wenn er in den Pausen bete. Das Gericht entscheidet im Eilverfahren, dass der Schüler sein Gebet nach islamischem Ritual auch auf dem Schulgelände verrichten dürfe. Das Oberverwaltungsgericht hebt das Urteil wieder auf. Das Gebet könne den Schulfrieden stören und andere Schüler beeinflussen. Bereits bestehende Konflikte an diesem Gymnasium könnten durch die Präsenz von Ritualen verstärkt werden.

Das Bundesverwaltungsgericht in Leipzig beendet den Instanzenweg am 30. November 2011. Die Religionsfreiheit finde ihre Grenze in der Wahrung des Schulfriedens. Die Religionsfreiheit berechtige auch dazu, in der Schule zu beten; in diesem

Fall aber sei es in der Schule zu Streit gekommen, den die Schule nicht mehr habe hinnehmen können. Die Direktorin habe daher sehr wohl zum Verbot greifen dürfen. Die FRANKFURTER RUNDSCHAU kommentiert am 1.12.2011 wie folgt: „Christlichen, jüdischen, buddhistischen, hinduistischen und konfuzianischen Schülern ist es nicht gestattet, während der Unterrichtspausen zu den von ihrer Religion festgesetzten Zeiten im Schulgebäude zu beten. Alles andere würde den deutschen Schulfrieden stören. Aus Rücksicht darauf haben alle Weltreligionen von alters her global darauf verzichtet, ihren schulpflichtigen Gläubigen für die Vormittagsstunden feste Gebetszeiten vorzuschreiben. Nur der Islam hat dem deutschen Schulfrieden den Krieg erklärt und bittet selbst schulpflichtige Muslime zum Gebet. Was allen verboten ist, kann Muslimen nicht erlaubt sein."

Multikulturelle Aussetzer? Oder „Clash of Civilization" im Mikrokosmos der Schule?

1. Eine uralte und immer wieder neu geschriebene Geschichte

Zwei große Strömungen bestimmen die Geschichte der Menschheit auf diesem Planeten. Wir wollen sesshaft sein, unser Gebiet abstecken, uns in vertrauten Regionen entfalten und sicher fühlen – und wir wollen wandern. Die eine Tendenz hat uns diese Welt erschlossen. Die andere hat Kulturen entstehen lassen und unsere wissenschaftlich-geistigen Potentiale zum Erblühen gebracht.

Was sich hinter diesen eher gegensätzlich erscheinenden Urmustern unseres Verhaltens verbirgt, ist nichts anderes als der dem Menschen offenbar immanente Antagonismus – sein Wunsch nach Freiheit und Aufbruch zu neuen Ufern, aber ebenso sein Wunsch nach Abgrenzung.

So kann der Verlauf der Historie wohl zu Recht beschrieben werden als der immer wieder zu bewältigende Zusammenprall beider Tendenzen. Von Vokabeln wie Expansion, Eroberungskrieg, Machtbereich, Annexion, Flucht, Vertreibung, Ein- oder Auswanderung leben seit Menschengedenken die Geschichtsbücher. Kulturen entstanden, entwickelten sich, erlebten ihre hohe Zeit, ihren Zenit, erfuhren ihren Abschwung, ihren Zerfall und ihren Untergang. In sehr vielen Fällen spielte bei diesem vom britischen Historiker Arnold J. Toynbee grandios aufgezeigten Zyklus die Migration eine Rolle – mal im Konzert mit Faktoren wie dem inneren Verfall, mal zentral bestimmend wie ein Wirbelsturm und Naturereignis.

Wo verorten wir die Geschichte der Einwanderung nach Westeuropa der letzten 50 Jahre? Wie bewerten wir sie? Nur ein Wimpernschlag im Verlauf der Geschichte. Aber eine Weichenstellung? Ein kleines Lehrstück zum Thema „Unumkehrbarkeit"?

Migration – das wesentliche Thema des 21. Jahrhunderts? So sah es schon 2004 die „Weltkommission für internationale Migration", ins Leben gerufen von Kofi Annan, seinerzeit Generalsekretär der Vereinten Nationen. Ein Thema, das ungeahnten Facetten, ungeahnte Auswirkungen und Sprengkräfte aufleuchten lässt.

Heute sehen wir Wanderungsströme – nicht nur, aber von uns als besonders dramatisch wahrgenommen – an den Grenzen und Küsten Europas, etwa auf der Insel Lampedusa, auf Malta oder an der griechisch-türkischen Grenze. Auf kaum seetauglichen, oft heillos überfüllten Seelenverkäufern überqueren sie das Mittelmeer: Menschen aus Syrien, Afghanistan, dem Irak, ganz überwiegend aber aus afrikanischen Regionen südlich der Sahara drängen in den „goldenen Norden", in die Länder des westlichen Europa. Jährlich sind es Hunderttausende. Niemand dürfte indes die große Migration unserer Zeit als zu vernachlässigende Randerscheinung verkennen, als Hintergrundgeräusch oder als Schicksal von anderen. Schon die Geschichte der Zuwanderung nach Mitteleuropa in den jüngsten fünf Jahrzehnten zeigt unmissverständlich, welche grundlegenden Veränderungen oder sogar Verwerfungen uns ins Haus stehen können.

Im Jahr 2013 lebten den Daten zufolge, die die UN-Bevölkerungsabteilung am 11. September 2013 veröffentlichte, weltweit 232 Millionen Menschen außerhalb ihres Heimatlandes, mehr als je zuvor. Das sind 3,2 Prozent der Weltbevölkerung. Im Jahr 2000 hatte man noch 175 Millionen gezählt. Die Tendenz ist unübersehbar. Ebenso unübersehbar sei die internationale Migration auf relativ wenige Zielländer konzentriert; die Flüchtlinge strebten der Studie zufolge vor allem nach Nordamerika und Europa. Die Hälfte der Migranten lebe in lediglich zehn Ländern. Allein jeder Fünfte – etwa 46 Millionen – lebte in den USA. Deutlich dahinter folgte Russland mit elf Millionen auf Platz zwei – und dann, auf dem dritten Platz im weltweiten Vergleich und in absoluten Zahlen, das relativ kleine Deutschland mit zehn Millionen. „Arrival City"?

Wer die Dimensionen der möglichen Veränderungen erahnen will, könnte modellhaft zurückschauen auf den Aufbruch der Menschen in Europa und in der Neuen Welt im späten 18. und bis zum frühen 20. Jahrhundert, der dramatische Umbrüche nach sich zog. Das Menschenbild, das Staatswesen, die Technik und die sozialen Zusammenhän-

Einwanderungsländer

Im Jahr 2012 wanderten dauerhaft 3,83 Millionen Menschen in die OECD-Länder ein, davon (in Tausend) nach/in die:

Veränderung zu 2007 in Prozent

Land	in Tausend	Veränderung zu 2007 in Prozent
USA	1 031 Tsd.	- 2 %
Deutschland	400	+ 72
Großbritannien	283	- 18
Spanien	275	- 60
Kanada	258	+ 9
Italien	254	- 55
Australien	245	+ 28
Frankreich	242	+ 22
Schweiz	126	+ 3
Niederlande	108	+ 33
Schweden	82	+ 10
Österreich	67	+ 42
Japan	67	- 38
Norwegen	60	+ 37
Belgien	59	+ 17
Südkorea	56	+ 26
Dänemark	44	+ 45
Neuseeland	43	- 18
Irland	32	- 73
Portugal	31	- 28
Tschechien	30	- 69
Finnland	23	+ 33
Mexico	21	+ 209

G
6434 Quelle: OECD

© Globus

ge wurden vollständig neu erfunden. Die massenhafte Verstädterung brachte die Französische Revolution hervor, die industrielle Revolution und – parallel hierzu – die bahnbrechenden gesellschaftlichen und politischen Veränderungen der letzten beiden Jahrhunderte. Geprägt war diese Geschichtsepoche von entwurzelten Menschen ohne Bürgerrechte, die ihren Platz und ihre Identität in neuen städtischen Gesellschaften finden mussten.[4]

Auch für unser 21. Jahrhundert zeichnen sich schon heute Verschiebungen ab, die in ihren Auswirkungen noch kaum erfassbar sind. Namhafte Beobachter sagen Migrationen von Süd nach Nord, vom Land in die großen Städte voraus – Bewegungen, die eine bisher nie da gewesene Zahl von Menschen erfassen und nahezu alle Menschen auf spürbare Weise betreffen werden.

In seinem viel beachteten Werk „The Clash of Civilizations" beschreibt Samuel Huntington den unausweichlichen Zusammenprall von Kulturen, die in einer zunehmend global verwobenen Welt immer näher aneinanderrücken – und sich zu-

---

4   Zu diesem Thema: Doug Saunders, „Arrival City",
     München 2011

gleich in ihrem Selbstverständnis behaupten müssen oder behaupten wollen. Das Buch thematisiert nicht, dass sich dieser „Clash" bereits vor unseren Haustüren vollzieht – in Berlin-Neukölln, im Hamburger Stadtteil Sankt Georg oder in den berüchtigten Banlieues von Paris. Hier werden sie bereits sichtbar, die Spannungen, die mit Einwanderung einhergehen können. Und oft genug einhergingen. Nicht erst in unserer Zeit und nicht nur in Europa, den Vereinigten Staaten oder in den kurdischen Siedlungsgebieten der Türkei.

Vor unseren Augen spielt sich die uralte und immer wieder überraschend neue Geschichte ab – die Geschichte unterschiedlicher kultureller Einprägungen, die auf engem Raum nicht kompatibel erscheinen. Aus den Vorschriften des Korans interpretieren einige muslimische Theologen etwa ein Rollenverständnis der Frau als Untertan des Mannes. Gewalt in der Ehe wird dann nicht als Straftat begriffen. In mohammedanisch orientierten Parallelgesellschaften werden solche Wertvorstellungen konkret praktiziert – mitten in Europa, mitten in unserem Land, mitten in Dortmund. Diametraler kann das Grundgesetz für die Bundesrepublik Deutschland, in Kraft seit dem 23. Mai 1949, kaum herausgefordert sein.

2. Einwanderungsland Deutschland im Schlaglicht

Die Paralyse des „Wegschauens"

- Über 2.400 Moscheen stehen heute in Deutschland. 200 weitere sind im Bau. Damit sind wir unter allen europäischen Ländern der Spitzenreiter.

- Jeder vierte Einwohner Berlins hat einen Migrationshintergrund. Jeder siebte hat keinen deutschen Pass. Wer hat solche Entwicklungen geplant? Gesteuert? Gewollt?

- Die Arbeitsmigration der 60er-Jahre wurde als „Migration" nicht wahrgenommen. Hier baute man auf die vertraglich vereinbarte Rotation. Die Präsenz von „Gastarbeitern" wurde dementsprechend als vorübergehend wahrgenommen – im westlichen Deutschland ebenso wie in der DDR.

- Seit 1973 aber blieben sie. Das Rückkehrprinzip wurde ignoriert – von den Gästen. Und stillschweigend fallengelassen – vom Gastland. Aber nicht nur die ursprünglichen Rückkehrvereinbarungen wurden mit Füßen getreten.

Gerade unter der viel gerühmten Kanzlerschaft von Helmut Schmidt zogen in heftigem Ausmaß Familien nach. An straffe Kriterien für nachziehende Angehörige, wie etwa Grundkenntnisse der deutschen Sprache, dachte kein Mensch. Es herrschte allgemeines Wegschauen. Das holländische „muet kommen" war unterschwellig auch hierzulande die bequeme Haltung.

– So stand seit den späten 1970er-Jahren das Land nicht nur Einwanderern gleichsam zur Disposition; es lähmte sich zudem massiv selbst mit seinem Baldrian-Mantra „Wir sind kein Einwanderungsland".
Man wollte ausdrücklich und aus guten Gründen keines sein. Zeitgleich wurde man es. In gigantischem Umfang. Wider Willen – gerade weil das Placebo wirkte: „weil nicht sein kann, was nicht sein darf ..."

– Wer wegschaut, kann nicht ordnend eingreifen. Traditionelle Strukturen der Einwandernden konnten – zunächst unerkannt, jedenfalls unbehelligt – gelebt werden und zunehmend zu festgefügten Parallelgesellschaften wachsen.

– Heute haben sich parallele Strukturen verfestigt – insbesondere bei islamisch geprägten Einwanderergruppen. Die deutsche Rechtsordnung wird zunehmend von ihnen unterlaufen – und herausgefordert.

„Geholt" haben wir sie nicht

– Das Anwerben türkischer Gastarbeiter war in der Regierung von Bundeskanzler Adenauer – das offenbaren erst in jüngster Zeit erlaubte Einblicke in damalige Kabinettsprotokolle – hoch umstritten. Die Bundesanstalt für Arbeit lehnte strikt ab, sah keinen Bedarf. 1961 beugte man sich schließlich geostrategischen Aspekten. Außenpolitik dominierte die Arbeitsmarktpolitik.

– Alle Seiten gingen von einer Rotation der Gastarbeiter aus. Türkische Arbeitnehmer sollten ausdrücklich nur zwei Jahre bleiben dürfen, der Nachzug von Familienangehörigen wurde unmissverständlich ausgeschlossen. Die genau gegensätzliche Entwicklung der folgenden Jahrzehnte wirft Fragen auf – war sie ungewollt? Vermeidbar? Warum ließ man sie zu?

– Der Anwerbestopp von 1973 kennzeichnet diametral entgegengesetzt zu seiner Intention den Beginn des „Einwanderungslandes" Deutschland. Klare Rotationsvorgaben wurden von nun an ignoriert. Mit dem Fall des Eisernen Vorhangs avancierte Deutschland zum bevorzugten Zielland für Flüchtlinge, illegale Migranten – und für Hunderttausende von Asylbewerbern.

Multikulti hinterfragt

– Der Traum von der multikulturellen Gesellschaft ist ausgeträumt – von offizieller Seite wurde sie als gescheitert bewertet.

– Integration ist eine Frage der Zahl der Zuwanderer und der individuellen Bereitschaft auf beiden Seiten – nicht idealistischer Formeln.

– Multikultur kann zu Multikonflikt mutieren – oder zu Monokultur, wenn die Unterscheidungsgrenzen sich auflösen

– Unseren Zuwanderern Vorgaben machen, ihnen Maßstäbe setzen, die den Integrationsgedanken in irgendeiner Form konkretisieren – das war über Jahrzehnte und bis heute nicht Sache der Deutschen. Aber: sich in unser Wertesystem einordnen, sich unsere sozialen Anschauungen zu eigen machen und in letzter Konsequenz die eigene Kultur relativieren – das ist nicht Sache von Migranten aus dem islamischen Glaubensbereich.

– Der über Jahrzehnte oft ungesteuert anmutende Zuzug aus kulturell grundlegend anderen Weltregionen stellt heutige Integrationsbemühungen vor heftige Herausforderungen. Die OECD nennt 2009 die geringe Integrationsbereitschaft der in Deutschland lebenden Ausländer „besorgniserregend".

– Die Staatsangehörigkeit ist ein zentraler Faktor der Verbundenheit mit seinem Staat, seiner Gesellschaft – und damit Endpunkt und Ausweis gelungener Integration, nicht Mittel zum Zweck. Wer den bisherigen Grundsatz, Mehrstaatigkeit möglichst zu vermeiden, zur Disposition stellt, nimmt der Staatsangehörigkeit seine grundlegende Ordnungsfunktion sowie seine identitätserhaltende Bedeutung.

„Zuwanderungsbedarf" – Schönfärben, um von Versäumnissen abzulenken ?

– Ein Bedarf an Zuwanderern wird bis heute kurzatmig an tagesaktueller Arbeitskräfte-Nachfrage festgemacht – ein verhängnisvoller Trugschluss.

Arbeitskräftebedarf schwankt nach Konjunkturzyklen – zugewanderte Menschen bleiben.

– Die Konsequenz: Das Verhältnis von ausländischen Arbeitnehmern zu dem, was wir unter ausländischer Wohnbevölkerung verstehen, hat sich dramatisch auseinanderentwickelt: Letztere Zahl nahm – im Verhältnis zu ersterer – immens zu.

– Verfehlte – oder fehlende – Steuerung der Migration und Intensität der sich stellenden Integrationsprobleme sind zwei Seiten derselben Medaille.

– Einwanderungsländer definieren klare – zumeist durchaus restriktive und von qualitativ geprägten Vorgaben bestimmte – Zuzugsregeln. Kanada etwa wählt seine Einwanderer sorgfältig mit Blick auf Bildungstitel, Arbeitserfahrungen und Integrationsbereitschaft aus. Deutschland wollte jahrzehntelang keines sein – und war faktischen Einwanderungsströmen gegenüber wehr- und hilflos.

– Nun also sind wir ein Einwanderungsland. Warum eigentlich? Wer wollte das so? Bis heute legt unser Land lediglich rein formale Kriterien an bei der Frage, wer zu uns kommen sollte.

Fragen ohne Antworten

So lassen sie sich immer weniger unter der Decke halten, stellen sich immer unverhohlener und aller politischen Korrektheit zum Trotz, diese für die Politik eher peinlichen Fragen:

– War sie vorhersehbar, die Migration in unsere Länder in dem heute realisierten Maß?

– Mit dem heutigen Aufeinandertreffen verschiedenster Kulturen und den nach und nach in unser Bewusstsein rückenden Konsequenzen?

– Wäre sie nach vernunftgeprägten Kriterien steuerbar gewesen – zum Nutzen und zum Segen der Zuwanderer ebenso wie der angestammten Wohnbevölkerung?

Vorrangig aber sollten wir uns heute darüber klar werden, wohin wir steuern wollen. Wer nach vorne blickt, dem tun sich Fragen auf, die ohne Tabus beantwortet sein wollen. Wie etwa kann man arme Regionen und Länder tatsächlich fördern, um mit lebenswerten Perspektiven vor Ort Armutsmigrationen an ihren Wurzeln entgegenzuwirken? Und – welche Gesellschaft streben wir an? Wie wollen oder sollten wir den zu uns kommenden Menschen begegnen? In welcher Form sollen wir ehrlich und interessiert auf ihre Gewohnheiten und Bedürfnisse, ihre Erwartungen oder ihre Ängste eingehen? Welche Anpassungen dürfen wir von ihnen erwarten?

Welches sind die Wünsche der heimischen Bevölkerung? Wie respektieren wir ihre Sorgen, ihre Bedenken? Wie vermeiden wir, dass unser beispielhaft soziales und freiheitlich-tolerantes System überfordert oder gar ausgenutzt wird?

In welches Land mit welchen Bewohnern und welcher Kultur entsenden wir unsere künftigen Generationen?

Der Zuwanderungsdruck auf die Staaten Westeuropas steigt immens, in unseren Tagen. Er wird weiter steigen. Wie lange lassen sich diese Tendenzen noch in geregelten Bahnen halten? Besteht überhaupt der klare politische Wille dazu? Und was bedeutet eigentlich „Integration"? Wem wird wie viel abverlangt? Oder offenbart der Ruf nach Integration nicht vielleicht eher die Hilflosigkeit westeuropäischer Administrationen? Spiegelt sich im Schlagwort Integration vielleicht nur ein frommer Wunsch, eine Schimäre, von der hohen Zahl der Zugewanderten aus islamisch geprägten Kulturen vielleicht bereits ad absurdum geführt?

Von welchen Einwanderungsszenarien gehen wir für die Zukunft aus? Alles entscheidend wird sein, ob wir die vor uns liegende und so ziemlich letzte Etappe der bisher von lebhaftem administrativen Versagen gekennzeichneten Zuwanderungspolitik auch noch verstolpern. Denn: Egal, ob Asylmissbrauch, illegale Einwanderung, Flüchtlingsproblematik, Integrationsdefizite, tausendfacher Armutsstrom aus Südosteuropa oder radikal-islamische Tendenzen – nichts haben wir im Griff. Nichts haben wir gelernt. Wir verharren noch immer in der Paralyse, die vor Jahrzehnten schon rationale Weichenstellungen verhindert hat. Wir lassen uns bis heute von Schemata leiten und von Tabuisierungen fesseln, die sich erkennbar nicht bewährt, sondern geradewegs in die heutige Situation geführt haben.

Wohin steuern wir? Steuern wir überhaupt? Wohin sollten wir steuern?

3. Die Sprache der Zahlen

Statistische Eckdaten sind blutleer. Vielleicht aber vermitteln sie einen ersten Eindruck von der Absurdität einer Debatte um die Notwendigkeit von Einwanderung, die nicht spezifiziert, nach Qualifikation und Integrationsbereitschaft – kurzum:

nach sehr konkreten Kriterien – definiert wird. Oder von der Dimension, um die es geht, wenn wir über die Aufnahmefähigkeit eines Landes und seine Identität im Herzen Europas reden.

81,91 Millionen Einwohner leben – Stand 2012 – in Deutschland. Unter ihnen finden sich 16,34 Millionen Menschen mit einem sogenannten Migrationshintergrund. Hierzu zählt man die seit 1950 nach Deutschland Zugewanderten und deren Nachkommen, also auch Einwanderer mit heute deutscher Staatsangehörigkeit und deren Kinder. In ihrer Gesamtheit liegt ihr Anteil an der Gesamtbevölkerung bei 19,5 Prozent.

Die Statistik unterscheidet diese 16,34 Millionen Migranten

– in 9,0 Millionen Zuwanderer mit deutschem Pass, also Deutsche mit Migrationshintergrund

– ein stolzer Anteil von 11 Prozent an der Gesamtbevölkerung.

– und 7,6 Millionen heute in Deutschland wohnende Ausländerinnen und Ausländer, was einem Anteil von 9 Prozent der Gesamtbevölkerung entspricht.

Zwei Drittel der Menschen mit Migrationshintergrund – das sind 10,69 Millionen – sind selbst aus ihren Heimatländern nach Deutschland gekommen, haben also eine sogenannte eigene Migrationserfahrung. Ein Drittel, also 5,4 Millionen, sind bereits in Deutschland geboren. Mit knapp 3,0 Millionen Menschen stellen Personen mit türkischem Migrationshintergrund die größte Gruppe der Migranten in Deutschland. Ihr Anteil liegt bei 18,3 Prozent an allen Personen mit Zuwanderungsgeschichte. Etwa die Hälfte von ihnen hat inzwischen von dem Angebot Gebrauch gemacht, die deutsche Staatsangehörigkeit zu erwerben.

Die zweitgrößte Gruppierung von Zuwanderern in Deutschland stammt aus unserem östlichen Nachbarland. Die Gesamtzahl der Polen mit polnischer und deutscher Staatsangehörigkeit, also mit Migrationshintergrund, liegt bei 1,5 Millionen oder einem Anteil von 9,4 Prozent. Schätzwerte der Stiftung Wspólnota Polska gingen schon 2007 von mehr als 2 Millionen Menschen mit einer ganz oder teilweise polnischen ethnischen, kulturellen oder sprachlichen Identität aus.

An dritter Stelle rangierten mit einem Anteil von 7,4 Prozent oder 1,2 Millionen die Migranten aus Russland.

„Unionsbürger", also Europäer aus den Mitgliedsstaaten der Europäischen Union, sind unter den nach Deutschland Eingewanderten mit 5,16 Millionen Personen oder 32,5 Prozent der Menschen mit eigener Migrationserfahrung vergleichsweise eher bescheiden vertreten. Aber das ändert sich derzeit:

– Mit der „Staatsschuldenkrise" zog es 2012 besonders viele Menschen aus südeuropäischen Staaten nach Deutschland. Die Zuwanderung aus diesen Regionen erreichte 2012 ungeahnte Rekordwerte. So kamen aus Spanien 45 Prozent mehr Einwanderer als 2011 – ein Plus von 9.000 Menschen. Aus Griechenland kamen 10.000 und aus Portugal 4.000 Zuwanderer mehr als 2011 – ein Plus von jeweils 43 Prozent. Aus Italien stieg die Zuwanderung mit einem Zuwachs von 12.000 Menschen, um 40 Prozent gegenüber 2011.

– Seit dem Beitritt Rumäniens und Bulgariens zur Europäischen Union am 1. Januar 2007 ist auch aus diesen beiden Ländern eine signifikant wachsende Zuwanderung zu verzeichnen. 2011 zogen bereits 62.000 rumänische und 33.000 bulgarische Staatsbürger nach Deutschland. Sie konzentrierten sich besonders in den Großstädten. Diese Tendenz hält unvermindert an und erreichte 2012 Rekordwerte. Aus Rumänien wurden allein 2012 116.964 Zuwanderer registriert, gefolgt von Bulgarien mit 58.862 und Ungarn mit 54.827 Einwanderern.

Mit 537.000 Einwanderern insgesamt – Stand 2012 – ist Rumänen im Eiltempo an die 400.000 Migranten aus Griechenland und die 759.000 Migranten aus Italien herangerückt.

„Wir sind (k)ein Einwanderungsland?!"

Zahlen sind das eine, Menschen das andere. Ein überwiegender Teil der Zuwanderer lebt seit vielen Jahren in Deutschland, leistet seinen Beitrag zum friedlichen Zusammenleben, zu Wohlstand und Sicherheit. Dieser Entwicklung hat die Bundesregierung über die Jahre in verschiedenen gesetzlichen Schritten Rechnung getragen.

Bei anderen Entwicklungen allerdings fehlen Patentrezepte – und dies nicht erst seit heute. Seit über 50 Jahren wandert man in die Bundesrepublik Deutschland ein. Darin unterscheidet sich unser Land nicht von anderen westlichen Einwanderungsländern – wie etwa von den USA, Kanada oder Frankreich. An wesentlichen Unterschieden zu diesen anderen Ländern aber lassen sich, kurz gesagt, drei nennen:

- Wir wollten definitiv und beharrlich kein Einwanderungsland sein. Die Beruhigungsformel „Wir sind kein Einwanderungsland" durchzog die gesamte Ära von Bundeskanzler Helmut Kohl wie ein ständig vorgebetetes Mantra – und paralysierte das Land, machte es sozusagen wehrlos gegenüber Einwanderungsströmungen.

- Wir zeichnen uns unstreitig durch ein ausgesprochen vorbildliches Sozialsystem aus. Unsere sozialen Leistungen sind beispielhaft in Europa – und weltweit. Wer etwa in die USA einwandert, wird vielleicht Millionär – oder er scheitert und schläft auf dem Gehsteig. Wer nach Deutschland einwandert, dem ist – was durchaus nicht zu kritisieren ist, aber unter dem Aspekt der Attraktivität als Zuwanderungsland relevant sein könnte – ein menschenwürdiges Auskommen garantiert.

- Wir können im zurecht geschichtsbewussten Deutschland nicht frei und fair über gewisse Themen diskutieren. Die an anderer Stelle dezidiert thematisierte partielle Aufhebung der

Meinungsfreiheit hängt wie ein Damoklesschwert gerade auch über dem Einwanderungsthema[5] – und bietet unseren zuständigen Volksvertretern den perfekten strategischen Schutz vor Kritik an ihrem evidenten jahrzehntelangen Versagen auf einem gesellschaftspolitisch besonders sensiblen Feld.

1.226.496 Zuwanderer im Jahr 2013

Damit ist der Einwanderungsdruck so groß wie seit zwei Jahrzehnten nicht mehr. Zuletzt hatte es so viele Zuwanderer im Jahr 1993 gegeben. 789.193 Menschen verließen Deutschland 2013. Damit ergab sich beim Wanderungssaldo ein Plus von 437.303 Menschen – der ebenfalls höchste Wert seit 1993.[6] Aber bitte nicht wegschauen:

– In Deutschland sind im Jahre 2013 rund 3 Millionen Menschen ohne Arbeit. Die Statistik weist exakt 2.975.800 Arbeitslose aus. Die Arbeitslosenquote beträgt damit hierzulande 7,1 Prozent.

---

5   Hans Jörg Schrötter, „Sind wir das Volk? – Demokratie made in Germany", Köln 2014, S. 170 ff.

6   Destatis, Wanderungen über die Grenzen Deutschlands, www.destatis.de

– In dieses Land wandern in exakt demselben Zeitraum rund 1.226.496 Menschen ein – 20 Prozent oder 165.000 Personen mehr als ein Jahr zuvor.[7]

– Zugleich erschallt die Klage, in Deutschland fehle es zunehmend an Fachkräften, immer unüberhörbarer. Der Fachkräftemangel zeige sich in Deutschland so scharf wie nirgendwo sonst in Europa.[8]

Ein fataler Dreiklang

Vor diesem Bühnenbild betritt nun DIHK- Hauptgeschäftsführer Martin Wansleben die Szene: Deutschland, so Wansleben, brauche in den kommenden Jahren – man höre und staune – „bis zu 1,5 Millionen qualifizierte Arbeitskräfte aus dem Ausland, um Wachstum zu sichern und die Sozialsysteme zu stabilisieren". Er spricht von „Qualifizierten". Und er sieht, wohlgemerkt, die Notwendigkeit, unsere „Sozialsysteme zu stabilisieren".[9] Dieselbe Quelle zitiert in demselben Kontext den

---

7   Destatis, Pressemitteilung vom 22.05.2014
8   So das Statistische Bundesamt am 16.05.2012 in Wiesbaden
9   *Neue Osnabrücker Zeitung* vom 4.1.2014

altgedienten Europapolitiker Elmar Brok, der einen ganz anderen Weg zur Stabilisierung des Sozialsystems aufzeigt: „Die deutschen Ausländerämter warten viel zu lange, bis sie Menschen ausweisen, die offenkundig nur auf Sozialleistungen aus sind und nicht auf eine regelmäßige Beschäftigung. Wenn die Behörden hier konsequenter gegen den Missbrauch unseres Sozialsystems vorgehen würden, hätte das auch eine abschreckende Wirkung."

Wer hier nicht wegschaut, der erkennt, welche Ambivalenz im wohlfeilen Ruf nach „mehr Zuwanderern" steckt. Tatsächlich ist unsere Situation zu einer Drehtür geworden. Dank unserer beispielhaften sozialen Leistungen war – und ist – „Germania" unverändert populär bei geringer Qualifizierten und – verständlicherweise – bei Flüchtlingen aus ärmeren Regionen dieser Welt. Diese Entwicklung wiederum belastet unser soziales Netz zusätzlich. Mutige Meinungsführer wie der frühere Regierende Bürgermeister von Berlin, Eberhard Diepgen, sprachen es Ende der 1990er-Jahre erstmals offen aus: 46 Prozent der Ausländer in der Hauptstadt lebten, so Diepgen damals, von der Sozialhilfe. Diese sozialen Leistungen aber kosten Geld. Für Arbeitgeber – und Arbeitnehmer. Unsere begehrten Hochqualifizierten zahlen also kräftig mit. Wer die Wahl hat, in Deutschland oder eher in Großbritannien oder Frankreich seiner anspruchsvollen Tätigkeit nachzugehen, für den könnten die relativ hohen Sozialabgaben hierzulande vielleicht ein Faktor sein, um uns zu verlassen? Oder gar nicht erst zu kommen? Die Drehtür dreht sich weiter.

Woher kommen sie?

Sind es also die ersehnten Fachkräfte, die zu uns kommen? Die gut Ausgebildeten? Sind es die Menschen und Mitbürger, die wir „brauchen"?

Interessant wäre demnach die Frage, woher die Einwanderer im Einzelnen kommen. Welche Qualifikationen sie mitbringen. Ob sie alle Deutsch sprechen. Ob sie sich gern und mit Eifer integrieren wollen.

Ähnliches interessierte bei den Fortzügen. Sind es die Ausgebildeten, die Fachkräfte, die gehen? Sind es die, die bereits integriert sind?

Über diese zentralen Fragen aber schweigt die Statistik. Leider.

Was im Ausländerzentralregister statistisch erfasst wird, sind die Herkunftsländer. Immerhin. Danach ergibt sich folgendes Bild:

1. Auf der Hitliste ganz oben rangieren im Jahr 2013, wie schon in den Vorjahren, die Einwanderer aus **Osteuropa**. Mit deutlichem Abstand an erster Stelle stehen 197.000 Polen. Erstaunlich nah heran rücken die Rumänen mit 135.416 Zuwandern. Aus Bulgarien kommen 59.323, aus Ungarn 58.993 und aus dem erst am 1. Juli 2013 der Europäischen Union beigetretenen Kroatien in nur sechs Monaten bereits respektable 25.200 Einwanderer.

   Hier erleben wir nun die „Kehrseite" der Philosophie von den offenen Grenzen. Angehörige aus Staaten der EU genießen Freizügigkeit. Diese gilt naturgemäß nicht allein für „Fachkräfte". In jüngerer Zeit etwa wird die Einwanderung von Angehörigen der Roma – vornehmlich aus Rumänien und Bulgarien – zu einem Thema, dessen sozialpolitische Brisanz nach der gängigen Phase des Wegschauens überraschenderweise plötzlich auch in der Bundesregierung wahrgenommen zu werden scheint. Mit 194.739 Migranten allein aus diesen beiden Ländern verzeichnen wir 2013 ein Plus gegenüber dem Vorjahr von 73.000 Zuzügen.

2. Aus den **westlichen EU-Staaten** kamen mit 60.651 Personen die meisten Zuwanderer aus Italien, gefolgt von 34.728 Griechen, 22.644 Franzosen,18.724 Briten und 18.629 Österreichern.

Insgesamt verzeichneten wir 2013 aus den Mitgliedstaaten der EU 779.998 Wanderungen nach Deutschland. Das entspricht etwas mehr als der Hälfte der Gesamtzahl von 1.226.000 Zuzügen. Nur – woher kommen die vielen anderen, also – im Duktus der EU – die Einwanderer aus sogenannten „Drittstaaten"?

3. Hier sind als Herkunftsländer an exponierter Stelle die Russische Föderation mit 33.233, Serbien mit 28.093 und die Türkei mit 26.390 Zuwanderern zu nennen, gefolgt von Bosnien-Herzegowina mit 14.074 und dem kleinen Mazedonien mit vergleichsweise stattlichen 13.552 Zuzügen.

4. Aus **Afrika** wanderten 2013 insgesamt 53.393 Menschen zu uns – ein markanter Anstieg um 125 Prozent gegenüber 2012, allen voran aus Ägypten mit 6.218 Personen oder einem Plus von 180 Prozent, aus Libyen mit 4.459 Migranten oder einem Plus von 173 Prozent und Somalia mit 4.054 Einwanderern oder einem Plus von 395 Prozent. Aus Marokko kamen 5.068 und aus Tunesien 4.034 Zuwanderer, gefolgt von immerhin 3.202 Nigerianern, 2.261 Zuwanderern aus Kamerun und 2.307 Migranten aus Algerien. Aus Ghana kamen 2.089, aus Südafrika 2.034 Neuzugänge.

5. Aber nicht nur in Afrika, auch auf dem **amerikanischen Kontinent** schätzt man das kleine

und ziemlich ferne „Germania" durchaus als Auswanderungsziel. So kamen 2013 immerhin 9.383 Brasilianer, 5.359 Kanadier, 4.293 Mexikaner, 2.741 Kolumbianer, 1.289 Chilenen und 1.050 Peruaner über den Atlantik zu uns.

6. Aufhorchen lassen die Zahlen, wenn man auf die Migranten aus **Asien** blickt. 2013 registrieren wir die stolze Zahl von insgesamt 154.424 Personen aus diesem Teil unserer Welt. Hier belegt mit 23.041 kein geringeres Land als China den Spitzenplatz, gefolgt von Syrien mit 18.789 und Indien mit 18.707 Zuzügen. Natürlich spiegeln sich in den Zahlen auch die Konfliktherde unserer Tage wieder, wenn wir 8.953 Zuzüge aus Afghanistan, 8.011 aus Iran und 5.786 aus dem Irak registrierten. Aber auch 6.985 Japaner, 5.466 (Süd-) Koreaner, 4.612 Menschen aus Thailand und 3.546 Vietnamesen zog es von weit her in die deutschen Lande. Aus Georgien verzeichneten wir 4.272, aus Kasachstan 3.211, aus den Vereinigten Arabischen Emiraten 3.197, aus dem Libanon 3.200 und aus Saudi-Arabien 1.999 Zuzüge.

7. 7.344 Migranten zählte man 2013 aus **Australien** und **Ozeanien**.

8. Wer genau hinschaut, entdeckt noch eine weitere Rubrik. Sie ist gekennzeichnet als „**Unbekanntes Ausland**" und weist die erstaunliche Zahl von 2.365 Menschen aus. Fachkräfte?

Nur als Randnotiz: Fast zwei Drittel der Menschen, die nach Deutschland gingen, ließen sich in nur vier Bundesländern nieder: Nordrhein-Westfalen mit 188.711 Einwanderern, Bayern mit 180.892 Menschen, Baden-Württemberg mit 161.647 und Hessen mit 93.247 Migranten.

A la carte? Auch Mecklenburg-Vorpommern (8.129 Zuwanderer) hätte doch Charme? Oder Sachsen-Anhalt (9.714 Migranten)? „Braucht" man dort nicht vielleicht auch gelegentlich (gut ausgebildete) Zuwanderer?

Mindestens ebenso interessant wäre der Aufschluss darüber, welche Menschen, welche Nationalitäten, welche Berufsbilder sich hinter den mit 789.193 bezifferten „Fortzügen" wohl verbergen. Hier verrät die Statistik lediglich die eher marginale Zahl von 140.282 Deutschen unter ihnen.

Bei den Fortzügen sollten wir nicht dem vordergründigen Irrtum unterliegen, man habe es per saldo also „nur" mit 437.303 „Neuzugängen" zu tun. Es wäre für unsere Fragestellungen eine fundamentale Fehlsicht. Für exakt 1.226.496 neu und aus aller Welt eingewanderte Menschen stellen sich die Fragen,

– ob unser Land sie „braucht", vor allem aber,

– ob sie unseren frommen Erwartungen an das,

was wir „Integration" nennen, wohl entsprechen werden,

völlig neu. „Zurück auf Los", sozusagen ...

4. Wie war das genau?

Wie hoch umstritten das Anwerben türkischer Gastarbeiter in der Regierung von Bundeskanzler Adenauer war, das offenbaren erst in jüngster Zeit erlaubte Einblicke in damalige Kabinettsprotokolle. Die Bundesanstalt für Arbeit (BA) sah keinen Bedarf. Erste Anwerbeabkommen 1955 mit Italien, wenig später auch mit Spanien und Griechenland, funktionierten und deckten den Kräftebedarf „hinreichend" – so die BA. Die türkische Regierung aber blieb beharrlich, pochte auf ihre Mitgliedschaft in der NATO. 1961 beugte man sich schließlich geostrategischen Aspekten. Außenpolitik dominierte die Arbeitsmarktpolitik. Wobei wohlgemerkt mit der Türkei nie ein Anwerbeabkommen geschlossen wurde.[10]

Vor allem aber gingen alle Seiten von einer Rotation der Gastarbeiter aus. Türkische Arbeitnehmer sollten ausdrücklich nur zwei Jahre bleiben dür-

---

10 Heike Kortz, „Diplomatische Tauschgeschäfte – Gastarbeiter in der westdeutschen Diplomatie 1953–1973, Köln 2008, S. 126

fen, der Nachzug von Familienangehörigen wurde ausgeschlossen. Die diametral entgegengesetzte Entwicklung der folgenden Jahrzehnte wirft Fragen auf – war sie ungewollt? Vermeidbar? Warum ließ man sie zu?

1968 lebten 1,9 Millionen Ausländer in der Bundesrepublik. 1970 war ihre Zahl bereits auf 2,6 Millionen angestiegen. Türkische Staatsangehörige nahmen 1968 unter den Ausländern einen Anteil von 10,7 Prozent ein; 1973 betrug ihr Anteil bereits rund 23 Prozent.

1973 beschloss das Bundeskabinett den Anwerbestopp. Er veränderte alles. Gastarbeiter aus Ländern außerhalb der EU – namentlich türkische Arbeitnehmer – blieben nun kurzerhand im Land. Die Sorge, nicht wieder einreisen zu dürfen, war größer als die Angst, vielleicht in Deutschland belangt zu werden.

„Belangt"? Kein Mensch hätte auch nur ansatzweise gewagt, sie zu „belangen" oder zumindest dezent den verbindlichen Rotationsvereinbarungen Geltung zu verschaffen. Es herrschte schon seinerzeit das bequeme Prinzip des Wegschauens, flankiert von ersten deutlichen Anzeichen des Einknickens.

Klartext versus Klitterung

In welcher erstaunlichen Evidenz heute, 40 Jahre später, jene Entwicklungen schöngefärbt werden, zeigt beispielsweise ein Blick in die offizielle Broschüre „Migration und Integration" des Bundesinnenministeriums, Stand Oktober 2011: „Der Anwerbestopp im Jahr 1973", so heißt es dort verständnisvoll, „mag zudem für viele ausländische Arbeitskräfte den Anstoß für die Entscheidung gegeben haben, längerfristig in Deutschland zu bleiben.[11] Mit anderen Worten – man überließ die Entscheidung, zu bleiben oder nicht zu bleiben, den ausländischen Gästen? Aber es kommt noch spannender, wenn der regierungsamtliche Text fortfährt: „Infolgedessen setzte nun ein verstärkter Familiennachzug ein."[12] Er setzte ein? Als Naturschauspiel? Vergleichbar etwa mit einem Tiefausläufer über dem Nordatlantik? Warum informiert man uns nicht endlich in ehrlichen Worten,

– dass dieser Familiennachzug „erlaubt" – genauer: nicht gesteuert – wurde?
– dass die viel gerühmte Ära unter Bundeskanzler Willy Brandt sich hier planerische Fehlleistun-

---

11 Bundesministerium des Innern, „Migration und Integration", Berlin 2011, S. 15
12 Bundesministerium des Innern a.a.O.

gen erlaubt und unumkehrbare Weichenstellungen zugelassen hat, die für die heutige Dimension unserer Zuwanderungssituation als zentral mit ursächlich bewertet werden müssen?

– Dass der Bruch der Rotationsvereinbarungen seitens der Administration nicht nur toleriert, sondern überdies mit der Gewähr intensiven Nachzugs von Familienangehörigen „honoriert" wurde – eines Nachzugs, der unter keinerlei Vorgaben etwa von elementaren Sprachkenntnissen oder dem Nachweis einer gewissen Integrationsfähigkeit und -bereitschaft stand?

1973, im Jahr des Anwerbestopps, zählte man immerhin bereits 4 Millionen Ausländer. Zu dieser Zeit sprach man noch von „Gastarbeitern". Interessant ist daher der Blick auf die **Erwerbstätigen** unter ihnen: 1968 waren es eine Million, 1973 rund 2,6 Millionen. Dann aber ließ man plötzlich ohne Plan und Maß jenen Familiennachzug zu, der aus der damaligen Bundesrepublik nicht etwa im Zuge konzeptionell strukturierter Entscheidungen oder vorausschauender politischer Abwägungen, sondern im Wege des Gewährenlassens und des Ignorierens aller in der Bevölkerung aufkommender Bedenken genau das werden ließ, was das Land in dem folgenden Jahrzehnt im Wege klassischer Realitätsverweigerung bis zum

Ende der Ära unter Bundeskanzler Helmut Kohl unter keinen Umständen werden oder sein wollte: ein Einwanderungsland!

Mit diesem Familiennachzug, der „einsetzte" (!), begannen sich nun die Quoten zwischen ausländischen Erwerbstätigen einerseits und der ausländischen Wohnbevölkerung andererseits stetig immer weiter auseinanderzuentwickeln – erstere nahm ab, letztere nahm zu. Heute, Stand Januar 2012, sind von 7,6 Millionen Ausländern 3,3 Millionen erwerbstätig, so die offizielle Statistik der Bundesanstalt für Arbeit.

Auch im östlichen Teil Deutschlands, der DDR, versuchte man seit Ende der 1960er-Jahre, den zunehmenden Bedarf an Arbeitskräften mit ausländischen Arbeitnehmerinnen und Arbeitnehmern zu decken. Die Herkunftsländer waren ausschließlich Staaten, die sozialistisch geprägt waren wie etwa Vietnam, Mozambik, Angola oder Kuba. Allerdings setzte man das auch hier geltende Rotationsprinzip, anders als in der Bundesrepublik Deutschland, streng um. Ohne Pardon. Einen Familiennachzug gab es nicht. Der Aufenthalt in der DDR war ausdrücklich an einen bestimmten Betrieb gebunden. Die ausländischen Gäste lebten zudem relativ abgeschirmt von der heimischen Bevölkerung.

Die Regierungszeit von Bundeskanzler Kohl stellte dann alles in den Schatten, was wir an Zuwanderungsdynamik bis dato erleben konnten. Die Zahl der Ausländer im Westen Deutschlands stieg sprunghaft. Zwischen 1986 und 1996 – also innerhalb von nur zehn Jahren – schnellte sie von 4,6 Millionen auf fast 7,5 Millionen Personen.

„Asyl! Asyl!"

Dieses starke Ansteigen ging nur teilweise auf den anhaltenden Familiennachzug und die etwa eine Million in diesem Zeitraum in Deutschland geborenen Kinder zurück. Entscheidend war der ab 1985 in ungeahnter Dimension einsetzende Zuzug von Asylbewerbern. Was wir in dieser Zeit staunend beobachten konnten, war ein besonders eklatanter Fall einer Überforderung der Politik.

Die Ursachen dieser Überforderung kann man als mehrdimensional beschreiben. Zum einen war mit dem Fall des „Eisernen Vorhangs" eine völlig neue Durchlässigkeit der Grenzen zum östlichen Europa entstanden, mit der man erst lernen musste, umzugehen. Die Asylbewerber jedenfalls reagierten rascher als unser politischer Apparat. Die Bewerberzahlen sprangen gleichsam in die Höhe. Kurzum: Deutschland wurde seit dem Ende der 1980er-Jahre zu einem von Asylsuchenden weltweit besonders favorisierten Zielland. Die politisch Verantwortlichen sahen staunend zu; Konzepte gab es nicht. Die Bundesregierung arrangierte sich, ermöglichte sogar weiterhin mit großzügigen Regeln den Nachzug von Familienangehörigen aus den jeweiligen Heimatländern, was den Trend zu einer Migration nach Deutschland noch verstärkte.

Zum anderen, – und hier lag der Urgrund unserer globalen Asyl-Popularität – gab es jenes schwerwiegende Erbe eines Grundrechtsartikels, der in seiner weltweiten Einmaligkeit nicht nur legendär großzügig der Menschenwürde verpflichtet ist. Mit Artikel 16 Absatz 2 Satz 2 haben die Verfasser unseres Grundgesetzes anno 1948, leidvolle Bilder von Flucht und Vertreibung vor Augen, zugleich ein beispielloses Einfallstor für hunderttausendfachen Missbrauch geschaffen.[13] Hochrangige Vertreter des Redaktionsauschusses sahen „keinen Anlass, das unbeschränkte Asylrecht auch unerwünschten Ausländern zu gewähren...“[14] „Politisch Verfolgte genießen Asylrecht" – so klang unser Signal an alle Geplagten dieser Welt. Welch ein

---

13 Wobei diesem Wortlaut kontroverse Beratungen vorausgingen.
14 Hans Jörg Schrötter, „Sind wir das Volk? – Demokratie made in Germany, S.88ff.

weltumspannender Großmut spiegelt sich in dieser Verfassungsgarantie. „Sie war", so Bundesfinanzminister Wolfgang Schäuble am 9. Juli 2014 in Berlin, „die institutionalisierte Einladung zum Missbrauch".[15]

Missbrauch oder nicht – die Zahlen sprechen für sich. Deutschland hat in den vergangenen Jahrzehnten die absolut höchste Zahl an Asylbewerbern in Europa aufgenommen. Allein in diesem berüchtigten Zeitraum von 1990 bis 1998 haben in Deutschland über 1,78 Mio. Menschen Asyl beantragt.

Zahlen anderer Hauptzielländer in diesem Zeitraum im Vergleich:
– USA 928.000
– Großbritannien 405.000
– Frankreich 267.000
– Niederlande 282.896

„Asylkompromiss" und Artikel 16a Grundgesetz

Es musste etwas geschehen, das erschien unausweichlich. Diese Erkenntnis konnte sich unter un-

---

15 Sendereihe FORUM POLITIK bei Phoenix am 9.7.2014, 20 Uhr

endlichen Mühen und nach langem Ringen auch in den Flügeln der bundesdeutschen Parteipolitik schließlich konkretisieren. Mit dem neuen Artikel 16a, in Kraft seit dem 1. Juli 1993, baute man einen Riegel in das Grundgesetz ein, der die evidentesten Auswüchse missbräuchlicher Einwanderung in den Folgejahren tatsächlich einzudämmen vermochte. Man grenzte das Grundrecht auf Asyl ein:

– auf Flüchtlinge, die auf ihrem Weg nach Deutschland nicht durch einen anderen Staat gekommen sind, in dem sie vor politischer Verfolgung bereits sicher waren.

– Auch Bewerber aus anerkannt sicheren Herkunftsländern können sich seither in Deutschland nicht mehr auf das Asylrecht berufen.

– Weitere Einschränkungen gelten für Asylsuchende, die wegen besonders schwerer Straftaten zu mindestens drei Jahren Freiheitsstrafe verurteilt wurden oder etwa der terroristischen Szene zuzurechnen sind.

Die Verständigung unserer Verantwortlichen zeigte Wirkung. Die Zahlen gingen zurück. Verzeichnete das Bundesamt für Migration 1992, im „Rekordjahr", 438.191 und 1993 – hauptsächlich während des ersten Halbjahres, also vor dem In-krafttreten des Artikels 16a GG – 322.599 Asyl-anträge, so konnte man 1994 mit 127.210 und 1995 mit 127.937 Anträgen eine glatte Halbierung registrieren. Diese Entwicklung setzte sich konti-nuierlich fort und erreichte 2007 mit 19.164 Asyl-bewerbern eine Talsohle.

Von 2008 an aber weisen die Statistiken wieder beständige Zunahmen aus. Besonders seit 2010 steigen die Asylanträge hierzulande wieder deut-lich. 2011 stiegen sie mit 45.741 Anträgen auf den höchsten Stand seit acht Jahren. Eine Sonderent-wicklung? Oder etwa ein Trend? Eine Pressemit-teilung des Bundesinnenministeriums vom 15. Ja-nuar 2013 bestätigte in markantem Ausmaß die letztere Vermutung: „Im Jahr 2012 wurden beim Bundesamt für Migration und Flüchtlinge 64.539 Asylerstanträge gestellt, 18.798 mehr als im Jahr 2011." Dies bedeutete eine erneute deutliche Stei-gerung gegenüber dem Vorjahr – um etwa 41 Pro-zent.

Zum Weltflüchtlingstag am 20. Juni 2014 legte die UNO ihren Jahresbericht „Global Trends" vor. Danach gingen in Deutschland im Jahr 2013 rund 110.000 Erstanträge auf Asyl ein. Damit sind die Asylanträge im Land des grundrechtlich verbrieften Asylrechts nicht nur um 70 Prozent gegenüber dem Vorjahr gestiegen. Damit wurden zugleich in Deutschland die weltweit meisten Asylanträge gezählt. Wir liegen also als Spitzenreiter noch vor den USA – in absoluten Zahlen!

Schon erinnern Bilder und Schlagzeilen an die Zeiten um 1993. „Verzweifelte Suche nach freien Betten" oder „Flüchtlingsstrom überfordert Behörden" – so die Überschriften in seriösen Blättern im September 2014. Schon müssen wieder Kasernen bereitgestellt und Turnhallen geräumt werden, um die Asylbewerber unterzubringen. So berichtet etwa die *Berliner Morgenpost* am 3.9.2014, Berlin habe seine zentrale Anlaufstelle für Flüchtlinge wegen Überfüllung geschlossen: „In diesem Jahr werden mehr als 10.000 Asylbewerber in der Stadt erwartet. Die Behörden kämpfen mit Aktenbergen." Die Sozialverwaltung werde deshalb entgegen früheren Plänen sechs bis acht Containerunterkünfte aufstellen und Gewerbehallen mieten, um den Flüchtlingen ein Dach über dem Kopf zu verschaffen. In den Monaten Januar bis August 2014 seien bereits 6.348 Flüchtlinge in die Hauptstadt gekommen und hätten einen Asylantrag gestellt. Über die Sommermonate 2014 gesehen waren es fast doppelt so viele wie im Jahr zuvor.

Die Weiterleitung der Flüchtlinge an andere Bundesländer funktioniert nach Angaben von Berlins Sozialsenator Mario Czajas nicht mehr: „Auch diese sind wegen des Anstiegs des Flüchtlingsstroms überfordert. München hat seine Anlaufstelle ebenfalls geschlossen. „Die angespannte Situation in der zentralen Anlaufstelle überfordert inzwischen auch das Personal. Der Anstieg der Flüchtlingszahlen ist von den Mitarbeitern nicht mehr zu bewältigen", sagte die Personalratsvertreterin des Landesamts für Gesundheit und Soziales, Astrid Weigert."[16]

In Bayern sieht man sich durch den Ansturm der Asylbewerber in ähnlicher Weise herausgefordert. Die Asylunterkunft in Zirndorf ist nach einer Meldung des Bayerischen Rundfunks vom 4.9.2014 „völlig überfüllt". Knapp 1.700 Menschen seien dort untergebracht, obwohl diese Unterkunft für 650 Menschen ausgelegt sei. Berichtet wird von Unterbringungen „in Zelten und Turnhallen". Für Abhilfe könnten „leer stehende Kasernen" sorgen.[17]

---

16 *Berliner Morgenpost* online vom 3.9.2014
17 Meldung des Bayerischen Rundfunks am 4.9.2014

Die steigende Anzahl von Flüchtlingen spiegelt sich auch in den Ausgaben des Staates. So ist die Zahl der Flüchtlinge, die Asylbewerberleistungen beziehen, in den letzten Jahren nennenswert gestiegen. Ende 2013 bezogen rund 225.000 Menschen solche Leistungen und damit 36 Prozent mehr als im Vorjahr, wie das Statistische Bundesamt mitteilte. Es war seit dem Jahr 2010 der vierte Anstieg in Folge – und ein neuer Höchststand seit 2005.[18]

18.000 der Leistungsempfänger stammen aus Afghanistan, jeweils 12.000 aus dem Irak und Syrien. Insgesamt 41 Prozent der Menschen kommen aus Asien. Aus Europa stammen 38 Prozent der Leistungsbezieher, aus Afrika 17 Prozent. Von den 86.000 Europäern, die unterstützt wurden, ragt das südliche Osteuropa spiegelbildlich zu der hohen Zahl der Antragsteller dramatisch heraus: 40.000 hatten einen serbischen, kosovarischen oder montenegrinischen Pass oder den Pass eines Vorgängerstaats. Allein 10.000 Hilfebezieher stammten aus Mazedonien.

---

18   „Immer mehr Asylbewerber bekommen Geld vom Staat"
      in DIE WELT vom 4.9.2014

Die Hauptherkunftsländer

Aus welchen Ländern kommen sie zu uns? Die Hauptherkunftsländer waren 2013 – absolut und im Vergleich zu 2012:

	Asylanträge (Erst- und Folgeanträge)		Veränderungen	
	2012	2013	in %	absolut
Gesamt	77.651	127.023	63,6	49.372
1. Serbien	12.812	18.001	40,5	5.189
2. Russ. Föderation	3.415	15.473	353,1	12.058
3. Syrien	7.930	12.863	62,2	4.933
4. Mazedonien	6.889	9.418	36,7	2.529
5. Afghanistan	7.838	8.240	5,1	402
6. Bosnien-Herzegowina	2.371	4.847	104,4	2.476
7. Kosovo	2.535	4.423	74,5	1.888
8. Iran	4.728	4.777	1,0	49
9. Pakistan	3.553	4.248	19,6	695
10. Irak	5.674	4.196	-26,0	-1.478

Einige dieser Hauptherkunftsländer sind „alte Kunden". So rangierten Serbien und Montenegro bereits 2005 mit 5.522 auf dem ersten, vor der Türkei mit 2.958 und der Russischen Föderation mit 1.719 Asylbewerbern auf dem dritten Platz.

Wobei die Zahl derer, die im Sinne von Art. 16a unseres Grundgesetzes als politisch verfolgt – und damit überhaupt als asylberechtigt – anerkannt wurden, 2011 bei gerade einmal 1,5 Prozent lag. Im Jahr 2012 sank diese schmale Quote nochmals – auf 1,2 Prozent. 2013 lag die Quote der als Asylberechtigte anerkannten Antragsteller gerade einmal bei 1,1 Prozent.

In der überwiegenden Mehrzahl der Verfahren, die diesen Asylanträgen folgen, wurde und wird eine politische Verfolgung also nicht festgestellt.

Interessant, aber meist unerwähnt ist die **Aufteilung nach männlichen und weiblichen Asylbewerbern**: Im Jahr 2013 lag der Anteil ersterer mit 69.471 Antragstellern oder 63,4 Prozent weit vor dem Anteil der Antragstellerinnen mit 36,6 Prozent. Ein genaueres Hinschauen lohnt. In den für die Unterscheidung besonders relevanten Altersgruppen ist dieses Ungleichgewicht nämlich noch bemerkenswerter ausgeprägt. In der Gruppe von 18 bis unter 25 Jahren überwiegt der Anteil der Herren mit 74,8 gegenüber 25,2 Prozent, in der Gruppe von 25 bis unter 30 Jahren mit 70,8 zu 29,2 und in der Gruppe von 30 bis 35 Jahren mit 66,0 zu 34,0 Prozent.[19] Über etwaige Probleme mit dieser sehr ungleichen Verteilung breitet die Political Correctness bislang ihren bewährten Schleier des Schweigens aus.

Es entbehrt auch nicht einer gewissen Delikatesse, dass wir seit Oktober 2005 mit einem Land über dessen Beitritt zur Europäischen Union verhandeln, das seit Jahren als eines der Hauptherkunftsländer von Asylbewerbern in Deutschland – also von politisch Verfolgten – ausgewiesen ist: die Türkei. 2005 suchten 2.958 Staatsbürger dieses Landes in Deutschland um Asyl nach. Der EU-Beitrittskandidat lag damit auf Platz 2 der Herkunftsländer. 2008 rangierte die **Türkei** mit 1.408 Bewerbern auf Platz drei – hinter dem Irak und Afghanistan. Bei dieser Rangfolge ist es auch 2009 – mit 1.429 türkischen Asylbewerbern – geblieben.

Dieses Phänomen wiederholt sich nun – mit **Serbien,** ebenfalls EU-Beitrittskandidat und im Ranking der Asylbewerber in Deutschland seit 2011 in den obersten Rängen vertreten – Tendenz steigend. 2012 stieg Serbien mit 12.812 ebenso wie 2013 mit 18.001 Anträgen tatsächlich zum Hauptherkunftsland von Asylbewerbern in Deutschland auf. In

---

19 Das Bundesamt in Zahlen 2013 – Asyl, Migration und
    Integration, S. 22

krassem Gegensatz zu diesem Trend stehen die Anerkennungsquoten. Hier nahmen die Staatsangehörigen aus Serbien, zum ganz überwiegenden Teil
Angehörige der Roma, mit einer Quote von 0.0
Prozent ebenfalls einen „Spitzenplatz" ein.

Es hat wie so oft seine Zeit gedauert – aber nun versucht die Bundesregierung, diesem Trend entge-
genzutreten. Im April 2014 legte sie einen Gesetz-
entwurf vor, wonach Serbien, Mazedonien und
Bosnien-Herzegowina als „sichere Herkunftsländer" im Sinne von Art. 16a GG einzustufen sind.
Bundesinnenminister Thomas de Maizière will auf
diese Weise die irrational steigende Zahl der von
dort kommenden Asylbewerber senken. Im Bundestag wurde das Gesetz verabschiedet; im Bundes-
rat aber stand die Zustimmung der rot-grün regier-
ten Länder auf der Kippe. Der kühle Pragmatiker
Winfried Kretschamnn bot seiner schäumenden
Partei die Stirn und rettete das Projekt. Die Opposition geißelte das Ziel, offenkundig unbegründete
Asylanträge leichter bearbeiten zu können, als
„menschenunwürdig". Aber – ist das deutsche Asylrecht das richtige Vehikulum, um die Lage der Sinti
und Roma auf dem Westbalkan zu verbessern? Böten nicht die Beitrittsverhandlungen mit Serbien
die adäquate Plattform, um das Problem dort anzu-
gehen, wo es zu lösen ist: auf europäischer Ebene?

Die deutsche „Volkszugehörigkeit"

Dann waren da noch die Landsleute, die in den Weiten Osteuropas in oft angestammten Siedlungsgebieten lebten. Unter den kommunistischen Regimen war ihr Schicksal nicht rosig. Nicht selten sind sie „umgesiedelt" worden. Das Ende des Ost-West-Konflikts eröffnete ihnen erstmals seit fünfzig Jahren die Chance, in den „goldenen Westen" überzusiedeln.

Man nannte sie **„Aussiedler"**. Verfassungsrechtlich sind sie Deutsche. Das Grundgesetz gesteht in Artikel 116 Angehörigen „deutscher Volkszugehörigkeit" die deutsche Staatsangehörigkeit zu, wenn sie als Flüchtlinge oder Vertriebene „in dem Gebiet des deutschen Reiches nach dem Stand vom 31. Dezember 1937 Aufnahme gefunden" haben. Also brachen sie auf, kamen vor allem aus den Republiken der (ehemaligen) Sowjetunion, aber auch aus Polen, Bulgarien oder Rumänien. Allein im Jahr 1990 zogen 397.073 „Aussiedler" nach Deutschland. 1991 waren es 221.995. 1992 stieg ihre Zahl mit 230.565 Aussiedlern wieder leicht an und hielt sich bis 1995 auf über 200.000 jährlich.

„Deutsche Volkszugehörigkeit"? Nach dem Bundesvertriebenengesetz müssen sie sich in ihrer Heimat zum deutschen Volkstum bekannt haben und dieses Bekenntnis durch bestimmte Merkmale wie Abstammung, Kenntnisse der deutschen Sprache, Erziehung oder Kultur bestätigen können.

Gut, mit der deutschen Sprache haperte es bei vielen von ihnen. Oft war es ihnen in den Siedlungsräumen verboten worden, sie zu verwenden. Auch wenn sie rechtlich gesehen Deutsche waren – von erheblichen Integrationsproblemen dieser Landsleute war des öfteren die Rede. Wenn böse Zungen aber behaupteten, für den Nachweis der deutschen Volkszugehörigkeit genüge es bereits, wenn die russische Urgroßmutter den Besitz eines deutschen Schäferhundes belegen könne, war das maßlos karikiert, enthielt aber vielleicht einen dezenten Wahrheitskern. Hier setzte der Gesetzgeber dann auch an. Das Aussiedleraufnahmegesetz vom 28. Juni 1990 führte ein förmliches Aufnahmeverfahren ein. Auswanderer, die sich auf das Bundesvertriebenengesetz berufen wollten, mussten von nun an vor Verlassen des Herkunftslandes die Aufnahmevoraussetzungen prüfen lassen.

Seit Mitte der 1990er-Jahre gingen die Wanderungen zurück. Im Jahr 2000 sanken sie erstmals unter 100.000, im Jahr 2004 auf 59.093 Personen. Wer nach dem 31.12.1992 einwanderte, galt als

„Spätaussiedler". Wer nach diesem Datum erst geboren wurde, ist kein Spätaussiedler mehr.

Auch hier hatte – und hat – die einheimische Bevölkerung in einem dicht besiedelten Land nicht
unerhebliche Integrationsleistungen zu erbringen.
Zudem wurden seit Beginn der 1990er-Jahre über
213.000 Menschen als „jüdische Kontingent-
flüchtlinge" aus der ehemaligen Sowjetunion dauerhaft in Deutschland aufgenommen.[20]

„Aufenthaltsrechtliche Illegalität in Deutschland"

„Aufenthaltsrechtliche Illegalität in Deutschland" –
ein mehr oder weniger ungern thematisiertes
Phänomen? Aber ein gravierendes. Rund 25.000
Personen pro Jahr sollen es sein, die alle sorgsam
ausgehandelten Abkommen, sämtliche nationalen
und internationalen Visa-Vorschriften und Ein-
reisebestimmungen außer Acht lassen. Eine Größenordnung, die aufhorchen lässt. Und was hinzukommt: Die Dunkelziffer wird von der
Bundespolizei als immens eingeschätzt. Unerlaubte Einreise ist wie unerlaubter Aufenthalt
strafrechtlich relevant. Unerlaubt hier lebende
Ausländer sind – auch wegen drohender Abschie-

---

20   Bundestagsdrucksache 17/12457 vom 25.2.2013

bung – naturgemäß bestrebt, ihren Aufenthalt vor deutschen Behörden zu verbergen.

Auf der Basis erstmals auswertbarer detaillierter polizeilicher Daten lebten im Jahr 2010 zwischen 100.000 und 400.000 Menschen illegal in Deutschland.[21] Ein Bericht an den Sachverständigenrat für Zuwanderung und Integration in Nürnberg ging vor einigen Jahren von gut einer Million illegaler Ausländer in Deutschland aus – als „realistische Untergrenze". Das gesamte Ausmaß der aufenthaltsrechtlichen Illegalität in Deutschland dürfte auch damit nur dezent angedeutet sein.[22]

Was geschieht mit ihnen? Die, die unerkannt ins Land gelangen, tauchen erfahrungsgemäß unter. Es bleibt dem Spiel des Zufalls überlassen, ob sie irgendwann bei einer Razzia auf irgendeinem Bau irgendwo ertappt werden.

---

21 Migrationsbericht 2012 des Bundesamtes für Migration und Flüchtlinge, S. 130, Fußnote 180.

22 Norbert Cyrus, „Aufenthaltsrechtliche Illegalität in Deutschland. Sozialstrukturbildung – Wechselwirkungen – Politische Optionen". Bericht für den Sachverständigenrat für Zuwanderung und Integration, Nürnberg. *EU-Forschungsprojekte LAPASIS und POLITIS*

Und die anderen? Die „Minderheit" von ihnen, die der Bundespolizei ins Netz geht? Na – die Cleveren unter ihnen rufen froh gestimmt das Wort „Asyl". Schon sind sie erst einmal legal im Land. Statistisch fließen sie in die offiziellen Asylbewerberzahlen ein.

Illegale Einreisen nach Deutschland			
Zahl der von der Polizei registrierten Illegalen nach Herkunftsland			
Staatsangehörigkeit	2013	2012	Vergleich 2013 zu 2012
Syrien	3528	1145	+ 208,1 %
Russische Föderation	3453	1465	+ 135,7 %
Afghanistan	2368	2955	- 19,9 %
Eritrea	1540	171	+ 800,6 %
Serbien	1466	1244	+ 17,8 %
Türkei	1409	1503	- 6,3 %
Kosovo	1181	657	+ 79,8 %
Ukraine	989	1465	- 32,5 %
Pakistan	796	587	+ 35,6 %
Somalia	789	385	+ 104,9 %
Gesamt	32.533	25.670	+ 26,7 %

5. „Die deutsche Minderheit in der Bundesrepublik" – Zeitenwende 2035 ?

„Im Gesamteffekt weist die Bundesrepublik zwischen 1950 und 2000 – in relativer Größenordnung – die weltweit höchsten Zuwanderungsraten auf. Um 1990 besaß sie – erneut relativ – mehr im Ausland geborene Einwohner als die USA. In den ersten vierzig Jahren ihrer staatlichen Existenz über-

traf sie damit den klassischen Einwanderungs-
rekord, den die »New Immigration« in die Vereinigten Staaten zwischen 1910 und 1913 bisher markiert hatte," so der Historiker Hans-Ulrich Wehler.[23] Politische Folgen der wie von geheimer Kraft
betriebenen, kontinuierlich anwachsenden Zuwanderung in unser Land wurden nicht kalkuliert. Es
gab jahrzehntelang keine Gremien, keine Arbeits-
gruppen, keine „Integrationspläne". Vor allem gab
es zu diesem gesamten Themenfeld keine offenen
und ehrlichen Diskussionen – aus Angst, man könne
möglicherweise den Geist der Fremdenfeindlichkeit aus der Flasche lassen. So wurde eine unvorbe-
reitete Öffentlichkeit mit einer wachsenden Zahl
von Einwanderern konfrontiert – und die Migranten mit einer unvorbereiteten Öffentlichkeit.

Ein Hinterbänkler im Sächsischen Landtag bereitet uns Deutsche jetzt ganz offen darauf vor, wie
unsere Zukunft aussehen wird: Die Deutschen
werden ab 2035 zur Minderheit im eigenen Land.
Seit Januar 2012 steht auf der Webseite eines sächsischen CDU-Politikers eine Erklärung, die nachdenklich stimmt: „Schon in wenigen Jahren wer-

---

23 Hans-Ulrich Wehler, *„Deutsche Gesellschaftsgeschichte –*
    Band 5 Bundesrepublik Deutschland und DDR 1949 – 1990",
    München 2008

den die Deutschen in Deutschland zur ethnischen Minderheit. Und zwar ab 2035. Wenn ein heute geborenes Kind sein Studium abschließt, dann wird Deutschland mehrheitlich von Ausländern bevölkert. Und der Deutsche ist dann nur noch ein „Herkunftsdeutscher". [24]

Nein, das alles ist jetzt keine Verschwörungstheorie mehr. Das ist die offizielle Aussage eines Angehörigen der CDU, Professor Martin Gillo, der auch genau das fördern will. Fett gedruckt kann man es lesen: „Ab 2035 beginnt ein neues Zeitalter in Deutschland". Und: „Nach gegenwärtigen Berechnungen werden Menschen mit Migrationshintergrund schon im Jahr 2035 die Mehrheit in unserer Bevölkerung darstellen."

Das ist weniger als eine Generation! Ab 2035 beginnt ein neues Zeitalter? Ein Zeitalter, in dem die Herkunftsdeutschen in unserem Land die Minderheit darstellen werden?

Schließlich gibt es doch Statistiken? Jene Wunderwerke der Prophetie, denen man niemals trauen sollte – es sei denn, man hat sie persönlich ge-

---

24 Prof. Dr. Martin Gillo MdL, Wahlkreisbüro Erbische Straße 5, Freiberg

fälscht? Ein Blick in den Migrationsbericht, den das Bundesamt für Migration und Flüchtlinge alljährlich im Auftrag der Bundesregierung erstellt, lässt allerdings aufmerken: „Bei einem Vergleich der Altersstruktur der Bevölkerung ohne und mit Migrationshintergrund ist erkennbar, dass sich Personen mit Migrationshintergrund deutlich stärker auf die jüngeren Jahrgänge verteilen als Personen ohne Migrationshintergrund. So waren 2012 66,4 Prozent der Migranten jünger als 45 Jahre, während dies nur auf 45,2 Prozent der Bevölkerung ohne Migrationshintergrund zutraf." Dabei liege, nota bene, der Anteil der Kinder mit Migrationshintergrund unter fünf Jahren *mehr als doppelt so hoch* wie bei Kindern ohne Migrationshintergrund![25]

Auch die Gegenprobe geht auf. In der Altersgruppe ab 65 Jahren liegt der Migrantenanteil bei lediglich 9,2 Prozent – gegenüber einem Anteil von 23,9 Prozent bei den Deutschen ohne Migrationshintergrund.

Eine nüchterne Fortschreibung dieser Alterspyramide, Stand 2012, lässt die Perspektive Gillos als

---

25 Migrationsbericht 2012 des Bundesamtes für Migration und Flüchtlinge, S. 140

zumindest nicht unrealisitisch erscheinen. Und wenn die Zuwanderung in unser Land sich in ihrer gegenwärtigen Dimension fortsetzt oder vielleicht – im Rahmen der bisherigen administrativen Rat- und Konzeptionslosigkeit – noch an Tempo zulegt, erschiene der Zeithorizont bis 2035 als eher zu weit in die Zukunft projiziert.

Fröhlich-unbefangen und ganz im Duktus der „Alles-wird-bunt-und-gut"-Idealistik der 1990er-Jahre titelte die populäre *Berliner Morgenpost* am 9. September 2014: „Berlin wächst und wird immer europäischer". Der Text allerdings katapultiert den Leser schonungslos in das zweite Jahrzehnt des 21. Jahrhunderts. Oder schon in die Epoche ab 2035? „Unter den Kindern und Jugendlichen unter 18 Jahren", so heißt es dort, „haben laut Statistik 44,7 Prozent ausländische Wurzeln. Vielerorts stellen sie in Schulen und Kitas längst die Mehrheit. In Teilen Neuköllns und Weddings stammen mehr als drei von vier Kindern aus nicht ursprünglich deutschen Familien."

Das Thema beschränke sich bei Weitem nicht auf sogenannte soziale Brennpunkte. Fast flächendeckend seien Kinder mit Migrationshintergrund im ehemaligen Westteil der Stadt, aber auch in großen Gebieten in Spandau und Reinickendorf mit mehr als 50 Prozent bereits in der Mehrheit. „Im Südwesten, Norden und Westen sowie in Teilen Lichtenbergs und Marzahns stammt mehr als jedes vierte Kind aus Zuwandererfamilien."

Die entscheidenden Fragen beginnen für Martin Gillo jenseits dieser erdrückenden Zahlen auf einer anderen Ebene: „Wie werden wir dann behandelt sein wollen? Freundlich, höflich und dazugehörig zu den Zukunftsdeutschen? Oder werden wir uns damit zufrieden geben, als geschützte Minderheit zumindest geduldet zu werden?"

Die Wuppertaler „Scharia-Polizei"

Die große Frage ist nicht, wie wir behandelt werden wollen, sondern wie wir eines Tages behandelt werden. Wer sich auf der Welt umschaut und zur Kenntnis nimmt, wie fudamentale Muslime bisweilen mit Nichtmuslimen umgehen, dann könnte sich die Gutmütigkeit der Deutschen, vor allem aber die Gleichgültigkeit, die migrationspolitische Naivität und Planlosigkeit, die uns unsere politisch Verantwortlichen in den zurückliegenden 50 Jahren eindrucksvoll vorgeführt haben, in herber Weise rächen.

Wie sagte es der türkische Schriftsteller Zafer Senocak in seinem Artikel „Der Terror kommt direkt aus dem Herzen des Islam"? Er sagte: „Dieser Islam hat einen Weltkrieg angefangen. Doch die Welt tut so, als wüsste sie immer noch nichts davon." Ganz abwegig erscheinen solche herben Sichtweisen nicht. Immerhin gehen Schätzungen davon aus, dass heute weltweit 100 Millionen Christen verfolgt und eine hohe Zahl von ihnen ermordet wird, hauptsächlich von Muslimen. Sie erfahren entsetzliches Leid. Und die Christen der Welt? Schauen sie nicht oft genug weg?

Aus der weiten Welt zurück nach Nordrhein-Westfalen. Die Wuppertaler jedenfalls staunten nicht schlecht, in diesen Tagen Anfang September 2014. Um Recht und Ordnung kümmerten sich plötzlich Muslime. In grell-orangefarbenen Warnwesten mit der Aufschrift „Scharia-Polizei" zogen sie durch die Straßen, kontrollierten türkische Teestuben, Geschäfte und Spielhallen. Konsumiert dort etwa jemand Drogen? Oder Alkohol? Und zeigen die Titelseiten der Zeitungen am Kiosk nicht vielleicht zu freizügige Damen? Auf gelben Flyern erklärten diese „radikalen Islamisten"[26] die Wuppertaler Innenstadt zur „Scharia-kontrollierten Zone", forderten auf Flugblättern weitere Verhaltensregeln ein wie etwa keine Pornografie, kei-

---

26 So die Bewertung der WELT vom 6.9.2014, S. 8

ne Musik, keine Konzerte – ein Hauch von einem Vorgeschmack auf das, was auf uns zukommen könnte, 2035, als „deutsche Minderheit"?

Politiker bewerten diese „Missionierungsaktion"[27] als Provokation. Die Antwort von Nordrhein-Westfalens Innenminister Ralf Jäger klang entschlossen: So etwas werde „auf deutschem Boden nicht geduldet".[28] Am 6. September 2014 gab er einen polizeilichen Erlass heraus, der die Aktionen unter Strafe stellt. Das Handeln der so genannten „Scharia-Polizei" sei nicht von dem Grundrecht auf Religionsfreiheit gedeckt.

Ein Innenminister kann mit Erlassen regeln. Wie aber wird man Innenminister? Man muss gewählt werden – von der Mehrheit. Von welcher Mehrheit? Von der Mehrheit der Gesamtbevölkerung!

Ein Erlass kuriert allenfalls oberflächlich, die Symptome. So klang in den Worten des Innenministers auch Ratlosigkeit mit: „Wir beobachten die salafistische Szene in NRW genau. Sie wächst leider dynamisch." Das Auftreten der „Scharia-Polizei"

---

27 SPIEGEL Online vom 6.9.2014
28 Zitiert nach RP online vom 7.9.2014

sei für die Szene in NRW eine neue Dimension. „Das ist plötzlich aufgetreten".[29]

„Plötzlich aufgetreten"? Hat die deutsche Politik nicht durch Untätigkeit, Paralyse und Schönfärberei offenkundig seit Jahrzehnten und bis heute Entwicklungen zugelassen, welche Länder wie Großbritannien inzwischen schwer bereuen? Die linksgerichtete „BBC" hat dort 2013 eine Dokumentation gesendet, in der sie beschreibt, wie die Probleme mit der Einwanderung systematisch verharmlost wurden. Zu diesem Bericht schrieb die *Frankurter Allgemeine Zeitung*: „Der angesehene BBC-Redakteur Nick Robinson, der die Fernsehdokumentation recherchiert hat, gestand am Wochenende ein, sein Sender habe die Sorgen in der Bevölkerung unterschlagen, weil befürchtet worden sei, sie könnten einen neuen Rassismus heraufbeschwören. Das sei ‚ein schlimmer Fehler' gewesen."

Martin Gillo ist kein einsamer Prophet. Viele vor ihm haben warnende Prognosen gewagt – und sind regelmäßig mundtot gemacht oder in die „rechte Ecke" gestellt worden. Der weltbekannte Verhaltensforscher Irinäus Eibl-Eibesfeldt etwa

---

29   RP Online a.a.O.

hat 1996 dem *Focus* ein Interview gegeben und darin damals schon zur Zuwanderung in den deutschsprachigen Raum gesagt: „Man muss nicht notwendigerweise seine eigene Verdrängung begrüßen." Und er hat hinzugefügt: „Wenn jemand den Grenzpfahl in Europa nur um zehn Meter verschieben würde, gäbe es furchtbaren Krach, aber die stille Landnahme über Immigration soll man dulden?"[30]

---

30 Udo Ulfkotte zu „Deutschlands Zukunft? Die Unterwanderte Republik", View Post online, 12.01.2014

II „Parallelgesellschaften" – Realität und Herausforderung

SZENE 1

Ein Vorzeige-Beispiel gelungener Integration: die jesidische Familie Ö. Vor 25 Jahren kam sie, Vater, Mutter und ein Kind, aus dem kurdischen Teil der Türkei nach Detmold. Neun weitere Kinder kommen hier zur Welt, gehen hier zur Schule, absolvieren Ausbildungen, arbeiten. Die Familie hat Fuß gefasst, alles ist im Lot. Na also, es geht doch.

Dann aber verliebt sich die 18-jährige Tochter Arzu in einen Deutschen. Alexander ist Bäckergeselle, schenkt ihr rote Rosen, die Eltern werden misstrauisch. Ein Mann nicht-jesidischen Glaubens? Die Familie hatte mit Arzu anderes vor. Ein Cousin in der Türkei war bereits ausgesucht; sie wollen die Tochter dorthin zwangsverheiraten; Flugtickets waren schon besorgt. Die junge Frau wehrt sich vehement.

Die Brüder verprügeln Arzu, sperren sie ein. Arzu flieht in ein Frauenhaus, schneidet sich die Haare ab, ändert ihren Namen. Ihre Schwester Sirin und vier ihrer Brüder entdecken sie in der Nacht zum 1. November 2011 bei ihrem Freund Alexander. Sie schlagen ihn nieder, entführen ihre schreiende

Schwester gewaltsam. Die Familie allerdings weigert sich, Arzu wieder aufzunehmen.

Zehn Wochen nach dieser Entführung wird die Leiche der jungen Frau am Rand eines Golfplatzes in Schleswig-Holstein gefunden. Sie war erschossen worden, mit zwei aufgesetzten Schüssen in die linke Schläfe.

Am 30. April 2012 beginnt vor dem Detmolder Landgericht der Strafprozess gegen Sirin und zwei der Brüder. Angeklagt sind sie wegen Mordes und Entführung. Die Staatsanwälte gehen von einem „ehrbezogenen" Tatmotiv aus: Der Ungehorsam gegenüber der Familie sollte bestraft werden, sagt Staatsanwalt Ralf Vetter und spricht von „archaischer Tradition" und „vermeintlicher Familienehre". Arzus jesidische Familie habe deren Liebesbeziehung zu einem Deutschen aus religiösen Gründen nicht dulden wollen. Nicht toleriert wird also die Liebesbeziehung zu einem Angehörigen genau des Landes, des Staates, der Verfassungs- und Wertegemeinschaft, in der die Familie seit 25 Jahren lebt? Freiwillig lebt?

Der Freiburger Psychologieprofessor und Ethnologe Jan Kizilhan nimmt den Ehrenmord eher als „soziales und kein religiöses Phänomen" wahr.

Archaische Traditionen und patriarchalische Denkmuster, so Kizilhan, gewährten den Frauen keinen freien Willen. Es gäbe in Familienclans eine „kollektive Verständigung" darüber, was unehrenhaftes Verhalten sei. „Diese Verständigung ordnet und regelt das Zusammenleben".[31] Verletze eine Frau eine traditionelle Norm, schade sie dem Ansehen der ganzen Familie, so Kizilhan, der seit 15 Jahren auch als Gerichtsgutachter in Ehrenmord-Prozessen tätig ist. „Das Ansehen ist elementar in diesen Gesellschaften, in denen Frauen als Besitz des Mannes gelten".[32]

„In diesen Gesellschaften"?

Vor dem Gerichtsgebäude in Detmold demonstrieren Menschenrechtsvereine gegen sogenannte Ehrenmorde. Vertreter und Vertreterinnen von „Terre des Femmes" und „Peri" fordern gerechte Strafen.[33] Szenen einer modernen Integrationsgesellschaft? Der „clash" (Samuel Huntington) paralleler Gesellschaften? Vielleicht paralleler Welten?

---

31 Zitiert nach DER SPIEGEL vom 07.04.2012
32 a.a.O.
33 Quellen: dpa vom 30.4.2012 und vom 1.5.2012

Das Landgericht Detmold verurteilt Fendi Ö., Vater der ermordeten Arzu Ö., am 4. Februar 2013 zu einer langen Gefängnisstrafe. Es sieht Beihilfe zum Mord, Freiheitsberaubung und Körperverletzung als erwiesen an. Die Richter sprechen von einem „Ehrenmord". Die Kammer kritisiert zudem eine kulturelle Tradition, „in der selbstbewusste Frauen eine Bedrohung darstellen". Ein Wort von ihm hätte seine Tochter retten können, doch Fendi Ö. hatte geschwiegen. Einer ihrer Brüder, der 22-jährige Osman, der im Prozess die tödlichen Schüsse gestanden hat, muss für diesen Mord mit lebenslanger Haft büßen. Gegen die Geschwister Sirin (27) und Kirer (25) verhängt das Gericht Haftstrafen von zehn Jahren wegen Geiselnahme sowie Beihilfe zum Mord. Die Brüder Elvis (21) und Kemal (24) müssen wegen Geiselnahme für fünfeinhalb Jahre ins Gefängnis. Die Menschen, die hier lebten, müssten sich aber nach den herrschenden Wertvorstellungen richten, nicht nach denen ihres Herkunftlandes, stellen die Richter klar.

Wiederum sind sie vor dem Gerichtsgebäude präsent, zeigen „Flagge", die Menschenrechtsorganisationen Terre des Femmes und Peri. Sie warnen davor, sogenannte Ehrenmorde mit Verweis auf andere Kulturen zu relativieren. Es dürfe keine

Toleranz in Fällen von Gewalt und Willkür geben. Die Terre-des-Femmes-Vorsitzende Irmingard Schewe-Gerigk dankt dem Gericht für „die klaren Worte".

SZENE 2

Wir schreiben den 7. April 2012. An diesem friedlichen Ostersamstag, mitten in der nachrichtenarmen Feiertagszeit, platziert Ibrahim Abou-Nagie seinen Coup. Er schickt jeweils eine Handvoll seiner Leute in die Fußgängerzonen von 30 deutschen Städten und lässt sie dort ein paar Hundert oder Tausend Gratis-Exemplare des Korans verteilen. Als Begleitmusik bläst er pompöse Zahlen und Ziele in die Welt: 25 Millionen deutsche Koran-Übersetzungen wollten er und seine Anhänger in deutsche Haushalte bringen. Die punktgenau rund um die höchsten christlichen Feiertage Karfreitag und Ostern terminierte Provokation verfehlt ihre Wirkung nicht. Die Medien berichten breit. Sozialdemokratische, christdemokratische und grüne Politiker zeigen sich einhellig alarmiert angesichts dieser „Missionierungskampagne".[34]

---

34 Volker Kauder in FAZ vom 13.4.2012, S. 2, sowie Presseberichte, u.a. in DIE WELT vom 12.4.2012

Was steckt dahinter? Der Prediger Ibrahim Abou-Nagie ist den Sicherheitsbehörden bekannt. Er wird der islamischen Bewegung der Salafisten zugerechnet, die vom deutschen Verfassungsschutz beobachtet wird. Bundesinnenminister Hans-Peter Friedrich hat ihnen bereits bei der Vorstellung des Verfassungsschutzberichts 2010 in seinem Statement am 1. Juli 2011 in Berlin einen langen warnenden Absatz gewidmet: „Salafisten streben eine völlige Umgestaltung des Staates und der Gesellschaft an." So eine der Kernaussagen. Gestützt auf das Internet missbrauchten Salafisten vor allem die Begeisterungsfähigkeit von Jugendlichen. Ihre netzwerkartigen Strukturen bildeten „die Basis für gefährliche Radikalisierungsprozesse" – so der Minister.[35]

Nicht also der Koran ist das Problem. Ebenso wenig wie die Verteilaktion an sich. Misstrauen weckt vielmehr deren Intention. Junge Muslime hierzulande sollen für die salafistische Ideologie gewonnen werden.[36]

---

35 Statement von Bundesinnenminister Hans-Peter Friedrich aus Anlass der Vorstellung des Verfassungsschutzberichts 2010 in Berlin am 1.7.2011

36 Hannoversche Allgemeine Zeitung vom 12.3.2012

Die fundamentalistischen Tendenzen der Salafisten, ihre „besonders strikte, brutale und rückständige Interpretation des Islam" – so ein Bericht der *Frankfurter Rundschau* am 13.04.2012 – und „ihre Ablehnung jeglicher Integration von Muslimen" – so DIE WELT vom 12.04.2012 – sind also bekannt und werden offen thematisiert. Natürlich wissen auch Salafisten, dass es in Deutschland natürlich nicht verboten ist, sondern sogar unter grundrechtlichem Schutz steht, heilige Schriften unter das Volk zu bringen. Sie nutzen die westlichen Freiheiten mithin, „um selbige aus der Welt zu schaffen" – so das Fazit der *Badischen Neuen Nachrichten* vom 13.04.2012.

Der neu gewählte Bundespräsident Joachim Gauck nahm sich des Themas gleich bei seiner ersten Rede am 23. März 2012 anlässlich seiner Vereidigung im Deutschen Bundestag an – nur deutlich geschickter und weitsichtiger als sein Vorgänger. Vor allem – er verband es mit einer glasklaren Botschaft: „Wir leben inzwischen in einem Staat, in dem neben die ganz selbstverständliche deutschsprachige und christliche Tradition Religionen wie der Islam, auch andere Sprachen, andere Traditionen getreten sind. In dem der Staat sich immer weniger durch die nationale Zugehörigkeit seiner Bürger definieren lässt, sondern durch ihre Zugehörigkeit zu einer politischen und ethischen Wertegemeinschaft. Wir wären allerdings schlecht beraten, wenn wir aus Ignoranz oder falsch verstandener Korrektheit vor realen Problemen die Augen verschließen würden …"

„Wertegemeinschaft" – das ist die Botschaft.

1. Parallelgesellschaften

Der vielzitierte Anwerbestopp von 1973 – in der Bundesrepublik zählte man seinerzeit knapp vier Millionen Ausländer – war in grandioser Weise ineffizient. Denn er markiert im Gegenteil den eigentlichen Beginn nachhaltiger Einwanderungen. Gerade Arbeitnehmer aus der Türkei blieben wie erwähnt im Land – aus der Sorge, nicht erneut einreisen zu dürfen. Heute, vier Jahrzehnte später, hat sich unser Land signifikant verändert. Viele gravierende und unumkehrbare Veränderungen, die diese erstaunliche Zuwanderung seither mit sich gebracht hat, waren schwerlich vorhersehbar, waren weder geplant noch erwünscht:

– In offen als solche bezeichneten „Parallelgesellschaften" unserer Städte organisieren islamische „Friedensrichter", was als Gesetz und Recht zu gelten hat. In Hinterzimmern, Moscheen und

Teestuben, von der Öffentlichkeit bis heute weitgehend unbemerkt, sprechen sie ihr „Recht". Der Strafanspruch des Staates wird ausgehebelt, „Rechtsprechung" in ein paralleles Schattensystem verschoben. Mit Drohungen gegenüber Richtern und Staatsanwälten und systematischer Einflussnahme auf Zeugen wird das Gewaltmonopol unseres Staatswesens gezielt unterlaufen.[37]

– Die *Frankfurter Allgemeine Zeitung* ist „bestürzt" über die hohe Zahl. Die Integrationsbeauftragte der Bundesregierung sprach von „schwerer Menschenrechtsverletzung". Allein im Jahre 2008 – so ihr Bericht vom 09. November 2011 – verzeichneten die zuständigen Stellen mehr als 3.400 Zwangsverheiratungen in unserem Land. Fast alle Betroffenen waren Einwanderer oder ihre Nachkommen, 44 Prozent hatten türkische Wurzeln. Aber es ist noch prekärer: Knapp ein Drittel der zur Ehe gezwungenen – im Wesentlichen Frauen und Mädchen – waren minderjährig, gut ein weiteres Drittel zwischen 18 und 21 Jahre alt. Zudem dürfte die Dunkelziffer, so die FAZ, beträchtlich sein.

---

37 Joachim Wagner, „Richter ohne Gesetz – Islamische Paralleljustiz gefährdet unseren Rechtsstaat", Berlin 2011, S. 69

– In Deutschland gibt es inzwischen einzelne Stadtviertel, die Einwandererfamilien als ihr Hoheitsgebiet betrachten – und es entsprechend verteidigen. In bestimmten Wohnblocks in Osterholz-Scharmbeck nahe Bremen beispielsweise wurden Polizeibeamte, die dort einzudringen versuchten, bedroht. Manchmal standen sie fünfzig gewaltbereiten Personen gegenüber. Die Reifen der Einsatzfahrzeuge wurden zerstochen, die Wagen beschädigt. Als im Mai 2010 neun Wohnungen türkischer Kurden durchsucht und zwei Haftbefehle vollstreckt wurden, nahmen die Migranten Rache: in den folgenden Nächten gingen acht Autos in Flammen auf.[38]

– Die erstaunten Bundesbürger mussten auch noch andere neue Phänomene in ihrem Land zur Kenntnis nehmen – so etwa den „Ehrenmord". Für den Zeitraum 1996 bis 2005 hatte das Bundeskriminalamt 55 Fälle als Ehrenmord oder Mordversuche eingestuft. Die Website www.ehrenmord.de listet für 2008 23 und für 2009 34 Ehrenmorde auf. Die meisten Ehrenmorde würden allerdings nicht bekannt, weil sie als Unfall oder Selbstmord getarnt würden. Manchmal werde eine Frau als ver-

---

38 Wagner a.a.O

misst gemeldet, und der Rest der Familie schweigt. Der Mord an der 18-jährigen Kurdin Arzu ist ein Beispiel, das uns die Augen öffnen sollte: Es heißt, ihre Familie habe sie verstoßen, weil sie mit einem Deutschen befreundet war.

Bereits 1996, rund vierzig Jahre nach dem Eintreffen der ersten türkischen Arbeitskräfte in deutschen Städten, zeichnete Josef Schmid, Bevölkerungswissenschaftler an der Universität Hamburg, in der *Frankfurter Allgemeinen Zeitung* eine ungeschminkte Vision: „Auch künftig ziehen deutsche Asylpraxis und Sozialautomatik nichtintegrierbare Zuwanderer an, die eines sicherlich mitbringen: Großfamilien, ethnischen Organisationswillen und einen Brückenkopfgeist für nachziehende Landsleute."

Damit beschrieb er nichts anderes als den sich seinerzeit bereits abzeichnenden Paradigmenwechsel von dem akademischen Wunsch nach „Integration" hin zur Erkenntnis real existierender „Parallelgesellschaften". Was mit Italienern, Spaniern, Griechen unproblematisch begann und seinen unproblematischen Verlauf nahm, habe sich – so seine Beobachtung – im Falle der Arbeiter aus der Türkei zu einer Herausforderung unserer heutigen Gesellschaft ausgewachsen.

Alle Anzeichen – so aktuelle Beobachtungen[39] – sprechen dafür, dass sich muslimische Parallelgesellschaften in den letzten Jahren weiter verfestigen. Mitten in unserem Land ist ein eigenes kulturell-religiöses Wertesystem entstanden, das in muslimischen Zentren und Moscheen und von Imamen gepflegt wird. Auch wenn es nach billigen Klischees klingt – auf den Feldern der Kriminalität zeigen sich in den islamischen Parallelgesellschaften auf bestimmten Deliktsfeldern signifikant höhere Belastungen als in der übrigen Bevölkerung. Und bei den Schulabschlüssen bleibt der Anteil der muslimischen Jugendlichen ohne Abschluss konstant bei hohen 20 Prozent im Vergleich zu 7 Prozent im Bundesdurchschnitt.[40]

Bis heute vollziehen sich solche Tendenzen eher im Verborgenen. Gelegentlich aber wird auch die Öffentlichkeit mit überraschenden Zeichensetzungen konfrontiert. Für viel Wirbel sorgte etwa der türkische Ministerpräsident Recep Tayyip Erdoğan mit seiner Rede in der Köln-Arena im Jahre 2008.

Die dort versammelten 16.000 Türken und türkischstämmigen Deutschen hatte er unverhohlen

---

39   Wagner a.a.O.
40   Wagner a.a.O., S. 74

vor zu viel Anpassung gewarnt: „Ich verstehe die Sensibilität, die Sie gegenüber Assimilation zeigen, sehr gut. Niemand kann von Ihnen erwarten, Assimilation zu tolerieren. Niemand kann von Ihnen erwarten, dass Sie sich einer Assimilation unterwerfen. Denn Assimilation ist ein Verbrechen gegen die Menschlichkeit, Sie sollten sich dessen bewusst sein." Und er fuhr fort: „Selbstverständlich werden unsere Kinder Türkisch lernen ...".[41]

Religion vor Rechtsstaat?

Hans-Ulrich Wehler gilt als Doyen der historischen Sozialwissenschaft. Für ihn ist „ein Gutteil der Muslime auch in Deutschland überzeugt, dass die Scharia, das religiöse Recht, über dem weltlichen Recht steht".[42]

---

41 Auszug aus der Rede Recep Tayyip Erdoğans in Köln am 10.2.2008: „...Wir müssen jedoch auch Folgendes zur Kenntnis nehmen: Sie können sich im heutigen Deutschland, in Europa von heute, in der heutigen Welt, nicht mehr als „der Andere", als derjenige, der nur vorübergehend hier ist, betrachten, Sie dürfen sich nicht so betrachten ...".

42 „Mit Zähnen und Klauen verteidigen", Hans Monath im Gespräch mit Hans-Ulrich Wehler in: *Der Tagesspiegel* vom 08.10.2010

Tendenzen, in muslimischen Parallelgesellschaften eine Strafrechtsordnung und sogar eine eigene Strafgerichtsbarkeit zu errichten, erscheinen danach konsequent. Vor allem sind sie Realität – wenn auch bisher nur wenige den gefährlichen Einfluss von Absprachen zwischen Tätern und Opfern im muslimischen Kulturkreis auf die deutsche Strafjustiz öffentlich angeprangert haben.

Zu diesen wenigen gehört die couragierte Berliner Jugendrichterin Kirsten Heisig: „Mich beschleicht … ein ungutes Gefühl. Denn das Recht wird aus der Hand gegeben und auf die Straße verlagert oder in ein paralleles System verschoben, in dem dann ein Imam oder andere Vertreter des Korans entscheiden, was zu geschehen hat".[43] Und diese „Vertreter des Korans" entscheiden nach den Grundsätzen der Scharia.

„Scharia", ein Wort, das im Okzident so manchem einen gelinden Schauer über den Rücken treibt, steht für die „Gesamtheit aller religiösen und recht-

---

43 Kirsten Heisig, „Das Ende der Geduld: Konsequenzen gegen jugendliche Gewalttäter", Freiburg 2010, S. 142

lichen Normen, Mechanismen zur Normenfindung und Interpretationsvorschriften des Islam".[44]

In Deutschland, so Bundeskanzlerin Angela Merkel 2010 auf dem Landesparteitag der CDU Rheinland-Pfalz, „gilt das Gundgesetz und nicht die Scharia". Aha. Soweit die Staatstheorie. In der Praxis aber werden sie beachtet und angewandt, die Wertmaßstäbe und Strafformeln islamischer Prägung – nicht nur in Saudi-Arabien, im Iran oder in Ostanatolien, sondern in Essen im Ruhrgebiet, in Berlin-Neukölln oder in Bremen.

– So kann bei Tötungs- und Körperverletzungsdelikten eine besondere Strafart der Scharia, die Qisas-Strafe, Anwendung finden. Sie folgt dem Prinzip der Wiedervergeltung. So fordert Sure 2, Vers 178 die „Vergeltung nach rechtem Maß"; dem Täter sei derselbe Schaden zuzufügen, den er dem Opfer zugefügt hat, also getreu der biblischen Straf- und Verhältnismäßigkeitsformel „Auge um Auge, Zahn um Zahn." Aus der Sicht von Islamwissenschaftlern spricht vieles dafür, dass der Koran in dieser Sure die Blutrache in eingeschränkter Form legitimiert, wenn es dort

---

44 Mathias Rohe, Das islamische Recht, Geschichte und Gegenwart, München 2009, S. 9

weiter heißt: „...ist aber jemand in ungerechtfertigter Weise getötet (worden), so geben wir seinem nächsten Angehörigen Gewalt. Doch sei er nicht maßlos im Töten."[45]

– Auch verfügen wir Europäer oft genug nicht über die leiseste Ahnung, wie hoch in muslimischen Ländern die Ehre in der Werteskala der Tugenden rangiert: Sie steht „an oberster Stelle, also noch über Leben, Leib, Freiheit und Vermögen".[46] Dieser in seiner Dimension von der einheimischen Bevölkerung auch nicht annähernd verstandene Ehrbegriff prägt auch die Parallelgesellschaften in Deutschland grundlegend. „Dieser der deutschen Werteordnung völlig fremde Ehrbegriff, sein Vorrang vor Rechtsgütern wie Gesundheit oder Leben und die höhere Gewaltakzeptanz führten dazu, dass die muslimische Bevölkerung in einigen Kriminalitätsbereichen stark belastet ist".[47]

---

45 Werner Baumeister, „Ehrenmorde, Blutrache und
    ähnliche Delinquenz in der Praxis bundesdeutscher
    Strafjustiz", Münster 2007, S. 48 f. und S. 65 f.
46 Baumeister a.a.O., S. 46
47 Wagner a.a.O., S. 25

- So kann die verletzte Ehre Triebfeder für Ehrenmorde und Zwangsehen sein. Laut einer Umfrage unter türkischen Studenten im September 2009 sahen bis zu 30 Prozent der Befragten in einem Ehrenmord eine legitime Reaktion auf die Verletzung der Familienehre.[48]
- Andere bemerkenswert kulturfremde Gewaltquellen in muslimischen Parallelgesellschaften sind die Vorgaben des Korans zum Verhältnis von Mann und Frau. Auch wenn sich bei aufgeklärten Europäern heute alle Nackenhaare kräuseln: Für Muslime mag es vor Gott im Jenseits anders sein – aber hier unten, im Diesseits, ist die Frau dem Mann untergeordnet.[49] Wer sich ungläubig die Augen reibt, dem sei Sure 4, Vers 34 zur Lektüre empfohlen: „Die Männer stehen über den Frauen, weil Gott sie vor diesen ausgezeichnet hat und wegen der Ausgaben, die sie von ihrem Vermögen gemacht haben. Und die rechtschaffenen Frauen sind demütig und gehorsam." Muslimische Theologen interpretieren diesen Vers in der Regel traditionell: „In der Gesellschaft haben sie zwei unterschiedli-

---

48 zitiert nach Wagner a.a.O., S. 24
49 Christine Schirrmacher, „Frauen unter der Scharia, Strafrecht und Familienrecht im Islam, in: Internationale Gesellschaft für Menschenrechte, 2008

che Rollen: der Mann als Herr und die Frau als Untertan.[50] Aber das ist nicht alles: in Sure 4, Vers 34 findet sich darüber hinaus eine unverhohlene Rechtfertigung von Gewalt in der Ehe: „...und diejenigen, deren Widersetzlichkeit ihr befürchtet, ermahnt sie, meidet sie im Ehebett und schlagt sie."

Gemeinhin nicht zur Kenntnis genommen wird die elementare Verwobenheit von Religion und Recht. Ein plumpes Polarisieren – Grundgesetz versus Scharia – übersieht daher einen fundamentalen Punkt, nämlich dass die islamischen Gebote und Verbote vielfach als „gottgegeben" erfahren werden und daher in der Skala der zu beachtenden Bewertungen durchaus über unserer „weltlichen" Verfassung rangieren. Die Krux ist nun, dass diese „von Gott gewollten" Maßstäbe von Fall zu Fall durchaus heftig mit den Grundauffassungen unserer verfassungsrechtlichen Ordnung kollidieren können.

Hinzu kommt etwas, was man als „Ehrengebot hoch zwei" interpretieren könnte: Einige der bei uns lebenden Muslime empfinden es als unehrenhaft, die aus ihrer verletzten Ehre resultierenden

---

50 Schirrmacher a.a.O.

Straftaten vom deutschen Staat und der hiesigen Strafjustiz vergelten zu lassen. Und da diametral entgegengesetzt zu unseren zivilisatorischen Grundlagen etwa Gewalt in der Ehe in muslimisch geprägten Gesellschaftsstrukturen nicht als Straftat begriffen wird, löst man solche Konflikte – auch in Berlin oder Nordrhein-Westfalen – lieber mit einem Imam oder einem Clan-Führer als mit der deutschen Strafjustiz. Aus allen diesen Aspekten gewinnt das real existierende Bestreben muslimischer Parallelgesellschaften, eine eigene Strafrechtsordnung und Strafgerichtsbarkeit zu entwickeln, eine gewisse – wenn auch höchst fragwürdige – Plausibilität.

Streitschlichtung und Paralleljustiz

Schlüsselfiguren dieser „Parallel- oder Schattenjustiz" sind die Schlichter. Über die Jahrhunderte haben sie sich an den Vorgaben des Korans, an der Praxis des Propheten und seiner weltlichen Nachfolger, der Kalifen, orientiert. Diese religiöse Ausrichtung wird heute von vielen muslimischen Migranten in Duisburg oder Frankfurt positiv aufgenommen, denn sie scheint ihre aus der Heimat gewohnte Rollenverteilung in der Familie sowie ihre gesamte tradierte Lebensführung zu gewährleisten.

Diese Friedensrichter brauchen keine Gerichtsgebäude. Sie sind, so beschreibt es Joachim Wagner, „Richter ohne Gesetz in der Tradition der Scharia. Sie suchen Gerechtigkeit in arabischen Kulturvereinen und in den Moscheen, in Kaffee- und Teestuben, Restaurants und Diskos, in erster Linie aber in den Wohnungen von Tätern und Opfern. Sie werden hinzugezogen bei Ehe- und Familienstreitigkeiten, aber vor allem im Hintergrund von Strafverfahren."[51]

So gelangen selbst schwerwiegende Messerstechereien, Schießereien oder Ehrenmorde gar nicht erst auf die Schreibtische der Staatsanwälte. Und landen sie doch dort, werden unter weiser Anleitung der Imame, oft kombiniert mit nennenswerten Geldleistungen an die Opferseite, Beweislagen geändert. Auch scheint es gängige Praxis zu sein, Zeugen zu beeinflussen. So sollen Schlichtungen im muslimischen Milieu „oft von Gewaltandrohungen und Selbstjustiz in Form von Entführungen und Folter begleitet" sein.[52] Die Konsequenz: Zeugen widerrufen ihre Aussagen oder erinnern sich im Gerichtstermin an nichts. Oder der Verwandte mit der geringsten Straferwartung, häufig

---

51   Wagner a.a.O., S. 27
52   Wagner a.a.O. S. 42 ff.

der jüngste, noch nicht strafmündige, „gesteht"
die Tat. Man spricht hier von Schuldverlagerung.
Was bleibt den Richtern, selbst wenn sie das Treiben durchschauen? Sie klappen die Akten zu.

Ohnmacht des Rechtsstaats? Versagen der politisch Verantwortlichen? Defizite in der Einwanderungspolitik?

2. Multikultur oder Multikonflikt?

„Wir müssen uns darauf einstellen, in der Zukunft
mit Millionen Menschen zusammenzuleben, die
eine andere Muttersprache, eine andere Herkunft,
ein anderes Lebensgefühl, andere Sitten und Ge-
bräuche haben – in einer multikulturellen Gesellschaft" – so der selbsternannte Multikulti-Guru
Heiner Geißler anno 1990.[53]

Warum „müssen" wir? Und – geht so etwas auf die
Dauer gut? Ein Jahr nach seiner gloriosen Wort-
schöpfung brachen 1991 im zerfallenden Jugosla-
wien jahrelange blutige Bürgerkriege aus. Nicht
etwa nur ökonomische Unterschiede lösten sie
aus. Sie waren bekanntlich auch geprägt von kom-

---

53 Heiner Geißler, „Zugluft – Politik in stürmischer Zeit",
    1990

plexen ethnischen und religiösen Problemen, also, in Geißlers Worten, durch erhebliche Verschiedenheiten bei Herkunft, Sitten und Gebräuchen oder beim Lebensgefühl der Völker in dieser Balkanregion. Einer Region, in der im Kosovo bis heute europäische Truppen Wacht halten müssen. Und führen nicht bei den belgischen Nachbarn – inmitten unserer befriedeten Union Europas – Wallonen und Flamen seit Jahrzehnten unübersehbar vor, wie vergleichsweise dezente Verschiedenheiten innerhalb einer Nation wie „eine andere Muttersprache" selbst im tiefsten Westeuropa einfach nicht zusammenklingen?

Welch ein Wunschdenken spricht aus Geißlers saloppen Zeilen, welche fundamentale Unwissenheit etwa über das Wesen muslimischer Prägungen. Hören wir dazu vielleicht besser einen Wissenschaftler, der weiß, wovon er spricht: Der Islamismus nämlich, so der türkischstämmige Islamkenner Professor Basam Tibi, „basiert auf der Sharia (Gottesgesetz) und auf dem Glauben, der Islam sei die Einheit von Staat und Religion".[54] Die Unvereinbarkeit mit dem deutschen Grundgesetz liegt auf der Hand.

---

54 Basam Tibi, „Mit dem Kopftuch nach Europa? Die Türkei auf dem Weg in die Europäische Union", Darmstadt 2005

Wollte Heiner Geißler Deutschland zu einem Mini-Biotop des „Jeder-nach seiner Fasson" machen? Zu einer Villa Kunterbunt mitten in Europa? Inmitten einer Welt, der es an multikulturellen Konflikten wahrlich nicht mangelte und mangelt? In der sich in Ruanda Tutsi und Hutu zu genau jener Zeit, zwischen 1990 und 1994, grausige Massaker lieferten, denen 500.000 Menschen zum Opfer fielen? In einer Welt, in der gewaltsame Ausschreitungen in den Vorstädten von Paris und anderen Städten Frankreichs 2005 das Thema in allen Nachrichten weltweit war?

Als Einwanderer vornehmlich afrikanischer und arabischer Herkunft über Monate Autos in Brand setzten und ganze Stadtteile verwüsteten und die französische Regierung den Ausnahmezustand verhängte? Oder erinnern wir uns an das Dauerthema „Nordirland", wo katholisch geprägte Iren sich immer wieder gegen ihre englischstämmigen „Besatzer" auflehnen?

„Islamisten sind keine Multikulturalisten"

Und welche Erfahrungen macht das heutige Deutschland? Namhafte Beobachter beschreiben sie etwa so: „Ein beträchtlicher Teil der muslimischen Jugend in unseren Städten begegnet der Aufnahmegesellschaft mit offener Feindseligkeit, einigen gilt mittlerweile schon die pure Existenz der westlichen Kultur als Beleidigung. Sie hassen die Freizügigkeit der Sitten, das selbstbewusste Auftreten der Frauen, die Toleranz gegenüber Homosexuellen. Weil die verantwortlichen Politiker unsicher sind, was sie den Eingewanderten, die in fünf Bundesländern schon ein Viertel der Bevölkerung stellen, an Ermahnungen und Verhaltensänderungen zumuten können, verlegen sie sich auf begütigende Gesten."[55]

2005 sandte Basam Tibi in seinem Buch „Mit dem Kopftuch nach Europa?" eine deutliche Warnung an alle Multi-Kulti-Traumtänzer hierzulande: Islamisten, so schrieb er, seien jedenfalls keine Multikulturalisten. Sie beriefen sich nach außen nur zum Schein und deshalb darauf, um Minderheitsgesellschaften der Muslime im Okzident „mit der Beanspruchung eines Grundrechts auf die Bildung von islamischen Parallelgesellschaften als Enklave des ‚Haus des Islam' in Europa" auszurüsten. Tibis Fazit: „Weil Islamisten jedoch keine Multikulturalisten sind, liegt es näher, dass dieser

---

55 Jan Fleischhauer, „Unter Linken – von einem, der aus
    Versehen konservativ wurde", Reinbek bei Hamburg
    2009, S. 266

Schritt (Anm.: die Vollmitgliedschaft der Türkei in der EU) als eine Etappe der anvisierten Islamisierung Europas gesehen wird".[56]

In unseren Tagen bleibt von einem Heiner Geißler jener Jahre das Bild eines verantwortungslosen Ideologen in Erinnerung. Eines politischen Geisterfahrers ohne Gespür für den hohen Wert, für den Stolz und die Verletzlichkeit kultureller Identitäten. Zu ihnen zählt, von Geißler unbewusst oder vielleicht sogar bewusst ignoriert, auch die heimische, die angestammte. Er war keineswegs der einzige, der den Multikulti-Märchen Auftrieb gab. Aber er war ein besonders verbissener Verfechter dieser Schönfärberei – aus welchen Gründen auch immer.

Politik nach den Wünschen, den Ängsten, den Vorstellungen der hier lebenden Bevölkerung ausrichten? Zuwanderung mit Augenmaß begrenzen und in Bahnen lenken, die sich erkennbar zumindest auch an den Interessen einer auf eine über tausendjährige Tradition und Geschichte zurückblickende Kulturgemeinschaft orientieren? Dies alles war kein Thema der Politik der 1990er-Jahre. Nein – man duckte sich weg, kurierte an Sympto-

---

56 Tibi a.a.O.

men, kurzatmig, ohne jedes Gespür für Zusammenhänge und Entwicklungen, die seinerzeit ins Rollen kamen und zu denen es in der Geschichte vielfältige tragische Parallelen gibt. Um es kurz zu machen: Multikulturelle Gesellschaften führen entweder zu Multikonflikten – oder die unterschiedlichen Kulturen verschwimmen ineinander, büßen ihre Konturen, ihre Vielfalt, ihre Unterscheidungsmerkmale nach und nach ein, die Gesellschaft wird in letzter Konsequenz mono-kulturell. So entpuppt sich die „kulturelle Vielfalt", vielgepriesen und hoch gelobt, als eine Mammutaufgabe – als Wanderung auf schmalem Grat zwischen kultureller Konfrontation und kultureller Nivellierung.

Multikulti ausgeträumt?

Die wahrlich nicht als erzkonservativ einzuordnende Wochenzeitung DIE ZEIT druckte am 11. Juli 2002 unter dem Titel „Das Scheitern eines Traumes" ganzseitig einen Beitrag eines der bekanntesten niederländischen Publizisten, Paul Scheffer, ab. Seine Kernaussage: „Die multikulturelle Gesellschaft ist eine Illusion". Er rief dazu auf, „über die Spannungen innerhalb einer multikulturellen Gesellschaft" nachzudenken. Er zitierte Umfragen, aus denen hervorgehe, dass etwa „zwei

Drittel der Bürger der Europäischen Union seit Längerem der Ansicht sind, dass die Obergrenze der Aufnahmefähigkeit von Migranten erreicht ist". Damit sei mehr ausgedrückt als ein bloßes „Nein" etwa zu Asylbewerbern oder Arbeitsmigranten. Hier werde „ein tieferliegendes Gefühl der Unsicherheit und des Unbehagens in Worte gefasst, das man ernst nehmen muss."

Paul Scheffer wagt sich aus der Deckung: „Die Verschiedenheit, die häufig beschönigend als ‚kulturelle Bereicherung' bezeichnet wird, umfasst auch die Schrecken." Kurzum: Er warnt vor dem „Multikonflikt" und enthüllt – bereits 2002 – den Kern des gesamten Problems und Phänomens, das wir heute hilflos „Parallelgesellschaft" nennen: „Die Ablehnung von kultureller Vermischung und Integration (wird) größer, und die Menschen leben isolierter denn je."

Der multikulturelle Traum – ausgeträumt? Oder eher wie eine Seifenblase zerplatzt an der Unfähigkeit unserer politisch Verantwortlichen, diesem Traum realitätstaugliche Strukturen zu geben? Ein Traum, dem die an allererster Stelle verantwortliche Bundeskanzlerin Angela Merkel schließlich – in einer Rede am 16. Oktober 2010 beim Deutschlandtag der Jungen Union in Pots-

dam – bescheinigen musste, er sei „gescheitert"?
Fehlgeschlagen seien sie, die Bemühungen um
den Aufbau einer multikulturellen Gesellschaft in
Deutschland: „Dieser Ansatz ist gescheitert, absolut gescheitert."[57] Und in einem Interview am
16. Mai 2012 ergänzte sie: „Da war zu viel Illusion
im Spiel."

Immer wieder hat man die Bundeskanzlerin seither auf diese sehr klare Ansage angesprochen. Immer wieder hielt sie Kurs – wie etwa in besagtem
Interview am 16. Mai 2012: „Der Satz betraf und
betrifft eine ganz spezifische politische Herange-
hensweise an das Thema Integration. Denn jahrelang gab es die Haltung, vor allem der linken Parteien, dass alles gut werde und sich alle durch die
Vielfalt bereichert fühlen, wenn man alle Menschen unterschiedlichster Herkunft in Deutschland einfach so nebeneinander her leben lässt. Da
war zu viel Illusion im Spiel". Genau hier nimmt
sich der Verfasser die Freiheit, nicht etwa einen
Seitenhieb, sondern eher eine schallende Ohrfeige
für den Parteifreund Heiner Geißler herauszulesen.
In besonderer Weise gilt dies für dessen abenteu-
erlichen Ansatz, einer Einbürgerung ohne Integ-

---

57 Nachzulesen u.a. in: DIE WELT vom 16.10.2012; FOCUS
    vom 16.10.2010

ration das Wort zu reden, wenn Bundeskanzlerin Angela Merkel fortfährt: „Es ist notwendig, dass alle gut Deutsch sprechen. Es ist unverzichtbar, dass sich alle auf unser Werte- und Rechtssystem verständigen. Über diese Grundlagen guten Zusammenlebens ist in Deutschland lange zu wenig gesprochen worden."[58]

Und das Fazit? „Ein volles Einleben von Ausländern in eine fremde Gesellschaft ist ... nicht zu erwarten. Im Gegenteil: Gerade in den westeuropäischen Ländern zeichnet sich eine genau entgegengesetzte Entwicklung ab zu mehr Auseinandersetzung und Konflikten". Das – so ein Bericht der WELT – sei das Resümee einer wissenschaftlichen Publikation der Bundesforschungsanstalt für Landeskunde und Raumordnung in Bonn. Das übereinstimmende Ergebnis der darin aufbereiteten Arbeiten lautet, dass alle „Integrations- und Harmonisierungsvorstellungen sich nicht verwirklicht haben". Vielmehr zeige sich eine Tendenz zur Desintegration in den Ländern Westeuropas.[59]

---

58 Der Gipfel mit Merkel und Löw, Interview in Sport-BILD vom 16.10.2010
59 D. Guratzsch, „Multikulturelle Sackgasse" in: DIE WELT vom 8.7.1992

Soweit das Fazit – es stammt übrigens aus dem Jahr 1992.

Die Ursachen sind, wie so oft, keineswegs monokausal. Integration ist keine Einbahnstraße, keine einseitige Bringschuld. Sie fordert die Einwanderer ebenso wie die Aufnahmegesellschaft. Auch bei letzterer hat es über lange Jahre erheblich geharpert. So hat etwa bis weit in die 1990er-Jahre hinein die Politik nicht anerkannt, dass Deutschland zu einem Einwanderungsland geworden war. Die später offenere Haltung gegenüber islamischen Milieus – etwa die Akzeptanz von Moscheen – hat die bereits fortgeschrittenen Tendenzen der Selbstabgrenzung nicht mehr aufgehalten. „Im Gegenteil!" – so Joachim Wagner in seinem Buch „Richter ohne Gesetz".[60] Seit den 90er-Jahren sei „ein eigenes kulturell-religiöses Wertesystem entstanden, das in muslimischen Zentren und Moscheen und von Imamen gepflegt wird und sich auch in der Sozialarbeit, im Erziehungsstil und der Freizeitgestaltung, etwa im Besuch von Koranschulen, zeigt".

Soweit das etwas aktuellere, jedoch nicht unbedingt hoffnungsvollere Fazit – anno 2011.

---

60   Wagner a.a.O.

„Ich wollte nie in der Türkei leben"

Oder wie wäre es mit einem Fazit aus der Perspektive derer, die inmitten dieser Millieus leben, wohnen, arbeiten? Für die all jene theoretischen Sichtweisen tagtägliche Realität sind? Eine Realität, die direkt an ihrer Haustür beginnt? Manfred D. ist Kleinunternehmer. Er weiß, worum es geht, in seinem Kiez. „Parallelgesellschaft? Wo ist da noch etwas parallel?"

Manfred kneift die Augen zusammen. „Hier wird überall nur noch Türkisch gesprochen. Hier laufen nur türkische Programme. Siehst du hier noch andere Ladenschilder als türkische?" Manfred steht in seinem kleinen Geschäft im Berliner Stadtteil Wedding. Berliner Stadtteil? „Ich wollte nie in der Türkei leben", sagt Manfred, „aber nun lebe ich doch in diesem Land. Ungewollt. Ungeplant."

Genau das ist der Punkt: Wer wollte eigentlich diese intensive Einwanderung aus der Türkei? Wer hat sie geplant? Genauer – und mit kritischem Blick auf unsere Administrationen: Wer hat sie seit über 50 Jahren zugelassen, ohne Konzepte, ohne Vorgaben, ohne erkennbare migrationspolitische Strukturen? Manfred ist noch nicht fertig: „Parallelgesellschaft ist ein viel zu schönes Wort. Was wir hier haben, sind Parallelwirtschaften. Oder eher Inselwirtschaften. Man kauft bei seinen Landsleuten, werkelt und hilft sich gegenseitig, geht zum türkischen Friseur, zum türkischen Supermarkt, mit Produkten aus der Heimat. Man liest türkische Zeitungen, hält seinen Plausch an der Straßenecke auf Türkisch.

Deutschland? Wo ist das? Man braucht es nicht." Manfred trägt sich mit dem Gedanken, sein Geschäft hier im Wedding zu schließen. Er werde jeden Tag indirekt, aber immer unmissverständlicher gefragt, was er als Deutscher hier im Türkenkiez eigentlich noch zu suchen habe. So viele seien schon weggezogen: „Die ganze Gegend rund um die Beusselstraße hat sich völlig verändert. Deutsche Friseure sind weg, Restaurants haben dicht gemacht. Da steht jetzt vieles leer. Stattdessen Teestuben, wo man Wasserpfeife raucht." Manfred versucht zu grinsen: „Ich wollte ja auch nie in der Türkei leben", sagt er.

„Lebenswelten junger Muslime in Deutschland"

Elmar Theveßen sieht viele junge Muslime hierzulande in einer „Sinnkrise". Sie lebten in einer Gesellschaft, die nach westlichen Werten ausgerichtet sei, entstammten aber einer Kultur und Religion, die sich mit dem Alltagsleben in einer kapitalistischen Gesellschaft nur scher vereinbaren ließen.

In seinem Buch „Terror Alarm – Deutschland und die islamistische Bedrohung" schreibt er schon 2005: „Gegen diese Entwicklung unternehmen die Politiker und die anderen Kräfte in der deutschen Gesellschaft allzu wenig. Schon in den vergangenen Jahrzehnten haben sie die offene Diskussion gescheut, wenn es in Fragen von Zuwanderung, Integration und multikultureller Gesellschaft Probleme gab. Vielleicht auch, weil sie nicht in den Verdacht kommen wollten, Ausländerfeindlichkeit und Rechtsradikalismus zu schüren. **Es herrscht noch immer ein regelrechtes Tabu einzugestehen, dass die Integration der Zuwanderer im Großen und Ganzen gescheitert ist."**

Dann, sieben Jahre später, plötzlich Klartext?

Am 1. März 2012 erblickte eine Studie das Licht der Welt, die Furore machte. Ihr Titel: „Lebenswelten junger Muslime in Deutschland". Auftraggeber der Untersuchung war kein Geringerer als der Bundesinnenminister. Über ihre Ergebnisse allerdings war der Minister nicht uneingeschränkt glücklich. Sie haben es gewissermaßen in sich:

- Die Mehrzahl der befragten deutschen und nichtdeutschen Muslime ist bestrebt, sich zu integrieren. 78 Prozent der deutschen Muslime befürworten Integration mehr oder weniger, während 22 Prozent eher eine zurückhaltende, die eigene Herkunftskultur betonende Haltung einnehmen. In der Gruppe der nichtdeutschen Muslime finden sich rund 52 Prozent, die Integration mehr oder weniger befürworten, aber auch 48 Prozent mit starken Separationsneigungen.

- Die Befragungen von Muslimen im Alter zwischen 14 und 32 Jahren ergaben jedoch auch Überraschendes: 15 Prozent der deutschen und 24 Prozent der nichtdeutschen Muslime sind als „streng Religiöse mit starken Abneigungen gegenüber dem Westen, tendenzieller Gewaltakzeptanz und ohne Integrationstendenz" zu bezeichnen.

- Mögliche Ursachen für diese potenziellen Radikalisierungstendenzen liegen vor allem im Ausmaß der „traditionellen Religiosität", der „autoritären Einstellungen", der Orientierung an „Macht" und „Erfolg" sowie der Wahrnehmung bzw. dem Erleben von „gruppenbezogener Diskriminierung".[61]

Unsere politisch Verantwortlichen hoben in ihren Stellungnahmen die Ambivalenz der Ergebnisse hervor. Die Studie enthalte Positives wie Negatives.

Allerdings:

– Entspricht die Erkenntnis, die Mehrzahl der befragten Muslime sei bestrebt, sich zu integrieren, nicht einer Mindestanforderung an Zuwanderer, die sich ihr Zielland ausgesucht haben und freiwillig hier leben? Wird hier nicht, ganz besonders für deutsche Muslime, eine Selbstverständlichkeit als Positivposten gebucht?

---

61 Die Radikalisierung von Einzeltätern „im Stillen" beschäftigt die Sicherheitsbehörden seit einigen Jahren. Zuletzt hatte der am 2. März 2011 verübte islamistisch motivierte Anschlag am Frankfurter Flughafen für Aufsehen gesorgt. Um dieser islamistischen Radikalisierung von Jugendlichen und jungen Erwachsenen entgegenzuwirken, hat Bundesinnenminister Dr. Hans-Peter Friedrich die „Initiative Sicherheitspartnerschaft – Gemeinsam mit Muslimen für Sicherheit" ins Leben gerufen, mit der er die Zusammenarbeit von Sicherheitsbehörden und Muslimen stärken will. bmi online

Andererseits:
- Welche Beweggründe mag es für muslimische Einwanderer geben, die expressis verbis „starke Abneigungen gegenüber dem Westen" artikulieren, ausgerechnet nach Deutschland einzuwandern? Was veranlasst streng muslimisch ausgerichtete Menschen „ohne Integrationstendenz", in diesem liberalen, christlich-abendländisch geprägten Land zu leben?

Schließlich:
- Fällt es nicht im Kern auf die staatliche Administration zurück, wenn Menschen ohne Integrationstendenz ins Land kommen oder sogar Deutsche werden? Wenn sich Subgruppen etablieren, die einer Integration „eher zurückhaltend" gegenüberstehen und eine „die eigene Herkunftskultur betonende Haltung" einnehmen? Muss man angesichts solcher Erkenntnisse immer nur die eingewanderten Menschen ins Visier nehmen? Machen solche Erkenntnisse nicht in erster Linie Defizite politischer Vorgaben transparent?

Kurzum – für die operative Politik müsste die Studie Ansporn sein: 15 Prozent der deutschen Muslime – also Deutsche im Sinne des Grundgesetzes – lehnen eine Integration ab? Angela Merkels Rede anlässlich des 50. Jahrestages des Anwerbeabkommen mit der Türkei am 2. November 2011 wäre ein hervorragend geeigneter Anlass für die Bundeskanzlerin gewesen, den erkennbaren Handlungsbedarf zu konkretisieren. Jedoch – sie blieb wohl ausgewogen im Allgemeinen:

„Integration ist eine Gemeinschaftsleistung. Wir haben von 2005 bis 2010 allein für Integrationskurse über eine Milliarde Euro ausgegeben." Solche Steuergelder allerdings in den Kontext der „Notwendigkeit des Anwerbens von Gastarbeitern" hineinzurechnen, wäre das „political incorrect"? Vermutlich. Die Bundeskanzlerin bleibt bei ungefährlichen Umschreibungen des regierungsamtlichen Symptomkurierens: „Unsere Integrationspolitik setzt sich aus vielen Bausteinen zusammen – vom Nationalen Integrationsplan und seiner Weiterentwicklung zu konkreten Aktionsplänen über die Migrationsberatung bis hin zu Förderleistungen für Kleinkinder."

Dann – als ahne sie die sich am Horizont abzeichnenden Ergebnisse der Studie – ergänzt sie nachdenklich: „Wir alle – auch in der Bundesregierung wie in den Organisationen der Migranten – tragen Verantwortung dafür, dass junge Menschen ihren Platz in der Gesellschaft finden. Die Frage, wie gut

Integration in Deutschland gelingt, ist nach meiner Überzeugung mit entscheidend für die Zukunft unseres ganzen Landes. Es ist eine Aufgabe für uns alle."

Sie spricht viele positive Beispiele erfolgreicher Integration an – in der Wirtschaft, in Schulen, in Parlamenten, in den Verwaltungen und in den Medien. „Dennoch", so sagt sie, „es sind noch nicht genug". Es gebe „auch Probleme". Aha? Und sie fährt fort: „Diese Probleme dürfen nicht verschwiegen werden, sonst verlieren wir das Vertrauen derjenigen in der Bevölkerung, die diese Probleme in ihrem Alltag erleben." Erste zarte Anzeichen einer regierungsamtlichen Korrektur des bisherigen „Wegschauens"?

Zurück zur Studie. Am 2. März 2012, einen Tag nach ihrem Erscheinen, mahnt die *Berliner Zeitung* nüchtern, Realitäten weder zu verschleiern noch schön zu reden: „Wer sich mit offenen Augen durch seine Stadt bewegt, ist vom Ergebnis der Islamstudie vermutlich nicht überrascht. Phänomene der Desintegration, also all das, was eine Gesellschaft auseinandertreibt, sind vielerorts sichtbar. Desintegration ist nicht an sich das Problem, und Integration ist keine Zauberformel".

3. Symptome im Blick – Wegschauen bei den Ursachen?

Um Vieles dringender und drängender wäre die Überlegung, warum man es bis heute nicht wagt, sich offen und ehrlich dem der Integrationsproblematik erkennbar vorgeordneten Reizthema „Zuwanderungsbegrenzung" zu stellen?

„Wir akzeptieren nicht den Import autoritärer, antidemokratischer und religiös-fanatischer Ansichten: Wer Freiheit und Demokratie bekämpft, wird hier keine Zukunft haben." – so Bundesinnenminister Hans-Peter Friedrich am 2. März 2012 in der BILD-Zeitung zu den Resultaten der obigen Studie. Markante Rhetorik, zweifellos. Wie aber sah es konkret aus, sein Vorsorge-Konzept? Sein „Importverbot"? Und: Ist Derartiges bis heute am weiten innenpolitischen Horizont auch nur ansatzweise erkennbar ...?

Wie offizielle Behörden die „importierte" Gefährdung aus dem islamischen Spektrum tatsächlich einschätzen, kann man im Verfassungsschutzbericht 2013 des Bundesministeriums des Innern nachlesen:

„Allen Ausprägungen (des Islamismus in Deutschland) gemeinsam ist der Missbrauch der

Religion für politische Ziele. Islamistische Ideologie geht von einer göttlichen Ordnung aus, der sich Gesellschaft und Staat unterzuordnen haben. Dieses „Islam"-Verständnis steht im Widerspruch zur freiheitlich-demokratischen Grundordnung und verletzt im Besonderen die demokratischen Grundsätze der Volkssouveränität, der Trennung von Staat und Religion, der Glaubensfreiheit, der Gleichstellung der Geschlechter sowie der sexuellen Selbstbestimmung."[62]

Gleichsam als Beleg dieser wachsenden Gefahr stellt der Bericht für 2013 lapidar fest: „Die Zahl der in Deutschland inhaftierten Islamisten ist in den vergangenen Jahren stetig angestiegen."

Schon vor mehreren Jahren beobachtete das Bundesinnenministerium ein islamistisch-terroristisches Spektrum in Deutschland, das von Gruppierungen, die enge Beziehungen zu islamistischen Organisationen im Ausland haben, bis hin zu unabhängigen Kleinstgruppen oder selbstmotivierten Einzeltätern reicht. Besondere Bedeutung komme Strukturen oder Strukturansätzen zu, die sich aus radikalisierten Personen der zweiten und dritten Einwanderergeneration sowie radikalisierten Kon-

---

62   Verfassungsschutzbericht 2013, S. 192

vertiten zusammensetzen. „Obwohl die Personen, die zu diesem Täterspektrum gehören, zumeist in europäischen Ländern geboren und/oder aufgewachsen sind, stehen sie aufgrund religiöser, gesellschaftlicher, kultureller oder psychologischer Faktoren dem hiesigen Wertesystem ablehnend gegenüber. Ihr gemeinsames Kennzeichen ist die Ausrichtung im Sinne der panislamischen ‚Al-Qaida'-Ideologie. ‚Homegrown'-Strukturen stellen die Sicherheitsbehörden vor besondere Herausforderungen, zumal der Anteil von Netzwerken, deren Mitglieder überwiegend ‚Homegrown'-Kriterien erfüllen, auch in Deutschland in den vergangenen Jahren stetig gewachsen ist. Innerhalb dieser Netzwerke hat der Anteil von Konvertiten und türkischstämmigen Personen in den vergangenen Jahren zugenommen."[63] Insgesamt – so der Verfassungsschutzbericht 2013 – sei das islamistische Personenpotential hierzulande von 42.550 im Jahr 2012 auf 43.190 im Jahr 2013 angestiegen – was insbesondere auf dem Zuwachs bei den Anhängern salafistischer Bestrebungen in Deutschland beruhe.[64]

---

63   aus: Verfassungsschutzbericht 2010
64   Verfassungsschutzbericht 2013, S. 205

Damit bleibe der Salafismus die dynamischste islamistische Bewegung – in Deutschland wie auf in-
ternationaler Ebene. Die Schar der Anhänger sei
auch 2013 weiter angestiegen. Man rechnet ihnen
heute 5.500 Personen zu – gegenüber 4.500 im Jahr
2012. Hier gehe es „um eine besonders radikale Va-
riante des Islamismus, die vorgibt, sich ausschließlich an den Prinzipien des Koran, dem Vorbild des
Propheten Mohammad und der ersten drei Generationen der Muslime zu orientieren – mit dem Ziel
einer „vollständigen Ausrichtung von Staat, Gesellschaft und individueller Lebensgestaltung nach
diesen als ‚gottgewollt' postulierten Normen."[65]

Integration versus Gewaltbereitschaft?

Gibt es also einen generellen Zusammenhang zwischen Integration und Gewaltbereitschaft? Zumal
bei jungen Menschen? Die Frage berührt ein heik-
les Feld. Die Statistiken beruhen auf sehr verschiedenen Erhebungen und Parametern, die oft nicht
kompatibel sind.

Die erste und bis zu diesem Zeitpunkt einzige Studie, die Zusammenhänge zwischen Religion, Integration und Kriminalität aufzudecken versuchte,

---

65 Verfassungsschutzbericht 2013, S. 199

hat 2007/2008 das Kriminologische Forschungsinstitut Niedersachsen initiiert. Bundesweit wurden 44.600 Schüler befragt. Der Befund lässt sich
auf die einprägsame Formel bringen: Je stärker die
religiöse Bindung, desto niedriger der Grad der
Integration und desto höher die Gewaltraten bei
muslimischen Jugendlichen.[66]

Zwei Jahre später, 2010, findet sich in einer Kurz-
expertise für das Bundesministerium für Familie,
Senioren, Frauen und Jugend ein relativ aussage-
kräftiger Hinweis auf diesen schwierigen Zusammenhang zwischen Integration und Gewaltbereitschaft: „Während hoch integrierte nichtdeutsche
Jugendliche eine Gewaltprävalenz von 10 Prozent
aufweisen, liegt diese bei niedrig integrierten dagegen bei 26 Prozent. Bei türkischen Jugendlichen
liegen die Werte zwischen 11 Prozent (bei hoch integrierten) und 24 Prozent (bei niedrig integrierten), bei russischen Jugendlichen ist die Differenz
noch höher (9 Prozent beziehungsweise 26 Prozent). Unter den niedrig integrierten türkischen
beziehungsweise russischen Jugendlichen sind 11
Prozent Mehrfachtäter, unter den hoch integrierten
sind es jeweils nur 2 Prozent oder 3 Prozent.“

---

66 Kriminologisches Forschungsinstitut Niedersachsen,
    „Religion, Integration und Delinquenz“, S. 123, 127

III Wegschauen und Einknicken made in Germany

SZENE 1

„Wir Menschen sind keine Rotkehlchen", sagt er. Die Journalisten schreiben auch das mit, emsig, konzentriert, voller Erstaunen über die völlig neuen Töne im politischen Bonn anno 1992. „Welch ein Reichtum", fährt er fort, der Leiter des Max-Planck-Instituts für Humanethologie in Starnberg, „wir kennen Bergfinken, Buchfinken, Grünfinken, Distelfinken. Warum integrieren sie sich nicht untereinander?" Professor Eibl-Eibesfeld hält inne, schmunzelt über die Fragezeichengesichter der vielen Journalisten im Tagungsraum. „Es geht der Natur doch darum, die Gattung Fink unter möglichst vielen unterschiedlichen Lebensumständen zu sichern, nicht wahr? Gibt es eines Tages keinen Buchenwald mehr, stirbt der Buchfink vielleicht aus. Aber der Fink überlebt – als Grünfink oder Distelfink. Hier macht es Sinn, sich abzugrenzen. Integration wäre nach diesem Überlebensmuster höchst kontraproduktiv."

Ausgerechnet die Finken?

Irinäus heißt er mit Vornamen. Ein Schüler von Konrad Lorenz, dem berühmtesten Verhaltensfor-

127

scher der 1960er- und 1970er-Jahre. Eloquent, mit vertrauenerweckendem Wiener Zungenschlag, entführt er meine Journalisten in die Welt fremdelnder Kleinkinder, die jedem misstrauen, der nicht Mama oder Papa ist. „Man wächst in überschaubaren Umkreisen auf, fühlt sich als Spielkind heimisch im vertrauten Viertel, als Heranwachsender in seiner Straße, in seinem Ort, seiner Stadt. Seine Fähigkeiten und Neigungen prägt man in seinem kulturellen Umfeld aus, in seinen Traditionen, seinen Umgangsformen, in seiner Sprache." Das, so Eibl-Eibesfeld, seien Urinstinkte der Vorsicht. Sie erklärten sich aus dem existentiell wichtigen Wunsch, sich sicher zu fühlen. „Alles Fremde wird zunächst ganz unbewusst als Bedrohung wahrgenommen", so der Professor. Xenophobie sei also nicht schon grundsätzlich etwas Verwerfliches, sondern erkläre sich aus der Evolution. Natürlich setze bei uns Menschen dann die Sozialisierung neue Akzente; solche Entwicklungshypotheken seien keine Entschuldigung für eine wie immer geartete Ablehnung von Fremdem.

Aha? Es war das erste Mal, dass mir jemand den Versuch einer Erklärung anbot für das Phänomen einer ablehnenden Haltung gegenüber Fremden. Für ein Phänomen immerhin, das offenbar so alt – und genau so weit verbreitet – ist wie diese Menschheit.

Man mag über Berechtigung oder Richtigkeit von Eibl-Eibesfelds Thesen streiten. Tatsächlich fand er in den Medien nicht überall und uneingeschränkt Beifall. Mitunter wollte man ihn missverstehen. Wie konnte es in diesen Zeiten jemand wagen, das Wort von der „Abgrenzung" in den Mund zu nehmen? Und mit diesem „Unwort" auch noch derart unbefangen umzugehen?

Übersehen wurde bei diesem Kritikansatz, dass sich hier eine als Wissenschaftler unangreifbare Kapazität zu Wort gemeldet hatte. Ein Humanethologe, der die Freiheit des Wissens und Forschens auf seiner Seite hatte. Und – hatte Eibl-Eibesfeld nicht lediglich eine legitime und unter Vernunftaspekten nachvollziehbare Frage in die Welt gesetzt? Könnte der Wunsch, zunächst eine gewisse Distanz wahren zu wollen, zu etwas, was wir intuitiv als „fremd" begreifen, eventuell Ursachen haben? Vielleicht sogar Ursachen, die plausibel erklärbar sind?

Und ist es nicht unter Philosophen eine völlig selbstverständliche Erkenntnis, dass natürlich nicht alle unsere Ansichten, Reaktionen oder Verhaltensmuster zwangsläufig „angelernt" sind?

Ich war dabei, habe ihn während dieser gesamten Informationsveranstaltung der Bundesregierung erlebt, habe genau zugehört. Eibl-Eibesfeld schrieb niemandem vor, wie er diese möglichen Ursachen zu bewerten habe – etwa als naturgegeben, fragwürdig oder gar verwerflich. Auch er selbst, ein versierter Naturwissenschaftler, bewertete nichts. Schon gar nicht redete er einer ablehnenden Haltung gegenüber Fremden das Wort. Er betonte im Gegenteil die Komponente der Sozialisation, die unser Verhalten in ungezählten Lebensbereichen – Urinstinkte hin, naturgegebene Vehaltensmuster her – prägen, strukturieren, dominieren und unser soziales Überleben garantieren.

„Fremdenfeindlichkeit" wird in unseren Gesellschaften zu recht gegeißelt. Man toleriert sie nicht. Aber – kann man eine Krankheit besiegen, die man beharrlich ausschließlich an ihren Symptomen bekämpft? Deren Hintergründe, Entstehungsursachen, Wurzeln dagegen strikt ausgeklammert, verkannt, totgeschwiegen, von vornherein außer Acht gelassen werden?

Wolfgang Schäuble, seinerzeit Bundesinnenminister, bewies Mut, als er – schon 1990 – schrieb: „Doch der Zustrom von Menschen, die aus wirtschaftlichen Gründen in das Bundesgebiet kommen und sich zu Unrecht auf das Grundrecht des Artikels 16 unserer Verfassung berufen, kann so nicht hingenommen werden ... Die Bereitschaft der Bürger, Menschen aus anderen Nationen aufzunehmen, darf nicht überfordert werden."[67]

„Jede Gesellschaft mit viel Integration ist eine konfliktreiche", sagt der Migrationsforscher Paul Scheffer damals in einem Streitgespräch mit Wolfgang Schäuble. Und er fährt fort: „Man muss diese Konflikte offen diskutieren, sonst kommt es zur Tabuisierung."

Vielleicht liegt hier ein Schlüssel für alles, was wir mit Integration anstreben? Auf den Tisch mit den Konfliktthemen, mit den Spannungspotenzialen, den Vorurteilen. Reden wir hinreichend offen über Andersartigkeiten, die oft genug – oft genug auch zu Unrecht – als Gefahr, als Bedrohung wahrgenommen werden?

SZENE 2

Hellersdorf, August 2013. In Syrien tobt ein Bürgerkrieg. In Afghanistan geht der Krieg in das zwölfte Jahr. Und Flüchtlinge strömen – siehe

---

67 Wolfgang Schäuble, „Europa ohne Grenzen – eine sichere Gemeinschaft", in: Europa-Archiv Folge 6/1990, S. 203 ff., 209

oben – vermehrt auch nach Deutschland. Natürlich nimmt man auch sie auf. Auf dem grünen Tisch liegt die Genfer Flüchtlingskonvention. Man spricht von „humanitärer Hilfe". Soweit, so gut. Wo aber bringen wir sie unter? Vielleicht gleich nebenan? Oder doch besser etwas entfernt?

Dies ist die Situation: ein friedlicher Stadtbezirk im tieferen Osten der einst geteilten Stadt. Zuwanderer sind hier selten. Im Straßenbild sind sie nicht präsent. Man ist unter sich – seit jeher. Und dann, aus heiterem Himmel, diese Kunde: Genau gegenüber von euch, im alten Schulhaus in eurer unmittelbaren Nachbarschaft, ziehen etwa 400 Flüchtlinge aus aller Herren Länder ein. Ganz überwiegend aus Syrien, Afghanistan und einigen weiteren Ländern, in denen der Islam die gesellschaftlichen Parameter prägt. 400 Asylbewerber, von denen man vermuten kann, dass sie noch niemals in Europa waren, mit unseren gesellschaftlichen Gepflogenheiten noch keinerlei Erfahrungen haben sammeln können.

Dass sich nun in Berlin-Hellersdorf die Begeisterung über dieser neue Situation in gewissen Grenzen hält, dürfte niemanden überraschen. Sogar DIE ZEIT schreibt am 1. Juli 2013 verständnisvoll:

„Ein neues Asylbewerberheim würde in fast jedem deutschen Ort Angst, Vorurteile und Widerspruch auslösen." Und DER TAGESSPIEGEL zitiert am 12. Juli 2013 den Anwohner Stephan Schulz: „Viele Anwohner sind nicht wirklich begeistert, sie sind besorgt, dass die Spielplätze vermüllt werden, dass nun die Kriminalität steigt." Im Viertel rumore es, seit die Pläne des Bezirks bekannt geworden seien. „Wir wurden vor vollendete Tatsachen gestellt, das ist das Hauptproblem", so Schulz.

Allerdings – so einfach ist das nicht, in unserem Land. Uns steht der Sinn nach einem ganz anderen „Hauptproblem". Denn: Unmut im Kontext mit Zuwanderung, ganz gleich in welcher Konstellation, ist unmittelbar, eins zu eins, automatisch und sofort gleichzusetzen mit Fremdenfeindlichkeit. Genauer: mit „Rassismus". Dieser Automatismus ist sozusagen deutsche Staatsräson.

„21 Jahre nach Rostock-Lichtenhagen ...", so klang es tatsächlich bald schon vielstimmig bei den selbsternannten „Meinungsführern", als wolle man eine Art *self-fulfilling prophecy* herbeireden. „Und plötzlich", so schreibt es DIE ZEIT am 11. Juli 2013, „ziehen wieder Reporter durch den Stadtteil auf der Suche nach Ausländerfeindlichkeit, Kamerateams filmen schimpfende ältere Damen auf ihren Erdgeschossbalkons. Im Stadtteil regt sich Widerstand."

Na also. Nichts leichter und automatischer als das. Schon wird sie wieder hervorgeholt, die große „Rechte-Ecke-Keule" – jedenfalls von solchen Mitmenschen, die in komfortabler Distanz zu diesem Wohnkomplex in Stadtbezirken der erlesenen Art ihr Dasein möglichst abgeschirmt hinter Rhododendron-Büschen verbringen.

Unmut über Stuttgart 21? Wie heldenhaft. Oder über lärmende Flugrouten? Jedermann fühlt hier tränenreich das tiefste Verständnis mit allen Geplagten. Unmut über Merkel, Mautpläne oder hohe Mieten? Selbstverständlich. Aber Unmut über Nachbarn, deren Herkunft man nicht kennt, deren Sitten und Verhaltensweisen man nicht unbedingt ganz spontan das tiefere Vertrauen entgegen zu bringen vermag? Unmut, der einer gewissen Sorge um den Frieden im kleinen überschaubaren Lebenskreis entspringt? Einem vielleicht irrationalen, aber dennoch nicht sogleich in Bausch und Bogen zu verurteilenden Misstrauen gegen das Unbekannte?

Kurzum – hier verfehlen all jene abgehobenen Besserwisser und theoretisierenden Gutmenschen mit ihrer allzu rasch hervorgeholten Fremden-feindlichkeits-Plakette das Thema. Worum geht es denn wirklich? Wer hier wohnt, hier herzieht, hier seinen Lebensmittelpunkt wählt, seine Kinder hier aufwachsen sieht und zur Schule schickt – der hat gewiss andere Sorgen. Könnten die Wurzeln dieses Unmutes nicht vielmehr in einer Verärgerung über die Administration zu finden sein? In einem Frust über das planlose Gewurschtel unserer politisch Verantwortlichen bei eigentlich allen Phänomenen der Migration? In einer tief sitzenden Enttäuschung über realitätsblinde Volksvertreter und deren Versagen auf regionaler, nationaler sowie übergreifender Ebene?

Unter „Wegducken" fällt auch das „Um-Etikettieren" von Vorfällen, um ihren Kern zu verschleiern.

1. „Zensur made in Germany"?

Nur wer die Dinge beim Namen nennt, schafft Akzeptanz? Nicht bei diesem Thema! Hier hieß – mehr oder weniger unausgesprochen – die Devise: Korken drauf! Wer sich besorgt – oder gar kritisch – zu dem Phänomen der schleichenden Einwanderung zu äußern wagte, sah sich rasch mit dem Vorwurf konfrontiert, „Ausländerfeind-lichkeit" schüren zu wollen oder gar – noch schlimmer – vergangenheitsverhaftet zu denken. Kurzum – ein gesellschaftlicher Konsens ist von den politischen Akteuren jahrzehntelang nicht gesucht, ja nicht einmal angedacht worden.

Erst Anfang der 1990er-Jahre erschienen erste freundliche Broschüren der Bundesregierung. „Die neuen Nachbarn" – oder ähnlich hießen sie. Auf den Titelseiten lächelten sympathische Einwandererkinder von der Schaukel herunter. In freundlichen, sorgsam abgestimmten Sätzen und mit bunten Fotos warb die Regierung um Akzeptanz – ohne auch nur ansatzweise anzudeuten, dass hier zugleich ein Aufgabenpotenzial heranreift, für Ankömmlinge wie angestammte Einwohner gleichermaßen neu und komplex, dem man sich verantwortungsvoll hätte zuwenden müssen. Dem man mit Verständnis für die Neuankömmlinge, mit einer ausgestreckten Hand, aber auch mit einem gewissen Verständnis für die besorgten Einheimischen hätte begegnen können.

Die fortgesetzte Einwanderung hat den Menschen immense Anpassungsleistungen abverlangt. Nur wenige mutige Autoren – wie etwa der SPIEGEL-Redakteur Jan Fleischhauer – haben es ausgesprochen, dass über die Lasten dieses Anpassungsprozesses lange Zeit nicht einmal geredet werden konnte, was der Stimmung bei der einheimischen Bevölkerung nicht immer zuträglich war: „Schon der Verweis auf Schwierigkeiten im Zusammenleben brachte den Vorwurf ein, ein Ausländerfeind zu sein."[68] Trotz alledem haben sich die Bundesbürger, so Fleischhauer weiter, über all die Jahre ziemlich vorbildlich verhalten.

Und für die Verfechter der Zuzugsgesellschaft traf es sich gut, dass sie ihre verbal propagierte Toleranzbereitschaft nicht wirklich unter Beweis stellen mussten. „In den durchgrünten Innenstadtanlagen mit saniertem Altbaubestand", wie Fleischhauer es leicht lästernd auf den Punkt bringt, „in denen sich die BAT-Bohème eingerichtet hat, stellt sich das Problem nicht so. Die Ausländer, die man hier im Hausflur trifft, gehören in der Regel zur Multikultielite, wie sie von Benetton-Plakaten lächelt. Der Analphabet aus Anatolien kommt eher selten vor."[69] Es gibt eben auch eine Kehrseite der Tabu- und Correctness-Diktate: Der hinter wohlbürgerlichen Stuckfassaden laut propagierte Menschlichkeitsanspruch ändert sich oft diametral, wenn die soziale Naherfahrung ins Spiel kommt.

---

68 Fleischhauer a.a.O., S. 259
69 Fleischhauer a.a.O., S. 260

„Viel Schatten im Integrationsbereich"?

Der Name hat Klang: „Sachverständigenrat deutscher Stiftungen für Integration und Migration". Am 29. April 2014 legte dieser Rat in seinem Jahresgutachten eine bilanzierende Bewertung der Migrations- und Integrationspolitik der letzten fünf Jahre vor. Wow – so denkt man spontan. Wird hier also nicht „weggeschaut"? Nun ja, der Rat erkennt „Licht, aber auch viel Schatten" im Integrationsbereich. Er sieht „Baustellen und verpasste Chancen". Ein Beispiel: Der Institution Schule gelinge es noch zu wenig, Startnachteile von Schülern mit Migrationshintergrund auch nur annähernd auszugleichen. Hierfür müsse der Unterricht stärker individualisiert gestaltet werden.

Nun sind also unsere Lehrer die Sündenböcke? Haben etwa die Lehrer Menschen aus aller Welt einwandern lassen? Wer war – und ist – denn verantwortlich dafür, dass Migration seit über 50 Jahren nicht konsequent gesteuert, nicht nach gezielten Vorgaben begrenzt worden ist? Jedenfalls nicht die Lehrer. Sie müssen diese Defizite nur ausbaden.

Unsere verantwortlichen Einknicker feiern es lieber als Integrationserfolg, wenn sie „Fortschritte bei der Etablierung von islamischem Religionsunterricht als ordentliches Lehrfach an Schulen" erzielen. Ist der Kern dessen, was uns als „integrationspolitische Herausforderung" (so das Gutachten) aufgegeben ist, nicht zunächst bei den in den Pisa-Studien zutage getretenen Defiziten bei den klassischen Lehrfächern – vielleicht sogar bei den Kenntnissen der deutschen Sprache – zu suchen?

Sorgfältig widmet sich das Gutachten auch der Aufgabe, „die institutionelle Gleichstellung des Islam voranzutreiben" – gegen die niemand in einer auf den Werten des Grundgesetzes gebauten Bundesrepublik ernsthafte Einwände erheben dürfte. Wobei unsere Sachverständigen die Frage ausklammern, ob Gleichstellung der Integration dient – oder ob sie nicht tendenziell eher eine Segregation erleichtert? Dennoch – eine „Gleichstellung ohne Sonderrechte" ist zu einer nicht mehr ernsthaft in Zweifel gezogenen Chiffre unserer Politik geworden.

Da wir jedoch auf diesem gesellschaftspolitisch schlüpfrigen Terrain von der „Lust am Einknicken" geplagt sind, tut sich deutsche Politik ungeheuer schwer, zwischen Gleichstellung und Sonderbehandlung eine selbstbewusste Grenze zu ziehen. Helfen hier Umfragen weiter? Der Sachverständigenrat bewies Mut. Sein „Integrationsbarometer" ergab, dass unsere Gesellschaft eine religiöse Gleichstellung mehrheitlich befürwortet, aber beispielsweise eine Befreiung vom Sport- und Schwimmunterricht aus religiösen Gründen sehr deutlich ablehnt. Ähnlich ablehnend votiert man gegen eine Erlaubnis für muslimische Lehrerinnen, an staatlichen Schulen ein Kopftuch zu tragen.

Auch den Satz „Der Islam ist ein Teil Deutschlands" lehnen 53,2 Prozent der Befragten ohne Migrationshintergrund „eher" oder „voll und ganz" ab. Nur – welche Schlüsse wären daraus zu ziehen? Zieht man überhaupt Schlüsse? Oder setzt man wie so oft auf das Kurieren an Symptomen, auf „Aufklärung" und auf „Schönfärben"? Der Sachverständigenrat beschränkt sich weise auf den sibyllinischen Hinweis, diese Ergebnisse seien „ein wichtiges Signal, das nicht ignoriert werden darf." Ob der Rat damit sozusagen durch die Blume vielleicht eine deutlich effizientere Steuerung von Zuwanderung in unser Land anmahnen wollte? Kaum etwas dürfte im Land des Einknickens weniger wahrscheinlich sein.

Der Sozialstaat als befriedender Faktor?

„An appeaser is one who feeds a crocodile, hoping it will eat him last." Hohn und Spott? Winston Churchill wusste, wovon er sprach!

Die Bundesrepublik Deutschland, wer könnte es leugnen, hat mit „appeasement" bislang gute Erfahrungen gemacht. Jedenfalls in der internationalen Zusammenarbeit. Die zurückliegenden sechs Jahrzehnte sprechen als die längste Friedensphase in der deutschen Geschichte unbedingt für die Richtigkeit dieses Beschwichtigungskurses – auf außenpolitischem Parkett. Aus der Sicht eines unbefangenen Beobachters scheint es, als habe man dieses Prinzip kurzerhand auf den Umgang mit Fremden im Inland übertragen.

Beispiel: Der deutsche Sozialstaat setzt voll auf die vermeintlich gesellschaftsbefriedende Wirkung finanzieller Zuwendungen. Er unterscheidet weder zwischen Deutschen und Nichtdeutschen noch zwischen hier Geborenen und Eingereisten. Die Aufenthaltserlaubnis eröffnet einen Katalog von Ansprüchen, die erstaunen – etwa auf Sozialhilfe oder Arbeitslosengeld nach Hartz IV, auf Wohngeld, Kindergeld und Eingliederungshilfen. Im Krankheits- und Pflegefall wird freier Zugang zu allen medizinischen Einrichtungen gewährt – selbstverständlich für die ganze Familie. Schon der Status „geduldet" ist hierzulande mit Rechten verbunden, die in anderen Ländern erst die Staatsangehörigkeit verleiht, oder der Nachweis langjähriger Arbeit im Land.

Der Wohlfahrtsstaat öffnet seine Schleusen ohne jegliches Gespür für die real seit geraumer Zeit allerorten erkennbaren Folgen. Ohne sich einzugestehen, dass Gutmütigkeit ebenso offensichtlich wie schamlos missbraucht wird. Dass Integration mit dieser Methode nicht „käuflich" ist. Und – ohne auch nur andeutungsweise so etwas wie „Gegenleistungen" einzufordern. Welcher Politiker der letzten 40 Jahre hat es jemals gewagt, hier lebende Migranten aufzufordern, sich mit der deutschen Kultur zu beschäftigen? Man hat sie einfach sich selbst überlassen, hat auf ihr Wohlverhalten vertraut – wie es die Arbeitsämter bei einheimischen Beziehern von Sozialleistungen gewohnt sind.

Integrationsgesten von beiden Seiten erwarten – davon reden alle. Aber sie von Einwanderern einfordern? Hier sträuben sich die Befindlichkeiten – ebenfalls auf beiden Seiten. Also setzt man auf Angebote. So führte beispielsweise Nordrhein-Westfalen im August 2012 als erstes Bundesland den islamischen Religionsunterricht an staatlichen Schulen ein. Das Land an Rhein und Ruhr, in dem ein Drittel aller Muslime aus ganz Deutschland lebt, nimmt damit eine Vorreiterrolle ein. Es ist eine Premiere im Miniformat. Denn noch fehlen entsprechend ausgebildete Lehrkräfte, um allen – geschätzt – 320.000 muslimischen Schülern das Fach islamische „Reli" sofort anbieten zu können. Aber 2017 soll es soweit sein.

Hinter diesem „Angebot" verbirgt sich eine weitere, weitaus grundlegendere Geste von hohem symbolischen Wert für die muslimischen Migranten in Deutschland. Zum ersten Mal wurde die Selbstorganisation der Muslime als Gesprächspartner des Staates anerkannt. Der Islam wird erstmals – noch nicht juristisch, aber faktisch – als Religionsgemeinschaft behandelt.[70]

An dieser Statusfrage waren bisher alle Versuche, dem Islam eine Rolle im deutschen Religionsverfassungsrecht zu geben, gescheitert. Das Grundgesetz spricht zwar neutral von „Religionsgemeinschaften", faktisch waren das aber aus Sicht des Staates nur die Kirchen mit ihrer zählbaren Mitgliedschaft und ihren festen Strukturen. Die Verbände der Muslime in Deutschland – vor allem die vier großen, die seit 2007 im „Koordinationsrat der Muslime" (KRM) zusammengeschlossen sind, – argumentierten dagegen, entscheidend sei die religiöse Praxis in den Moschee-Gemeinden. Und in diesem Sinne sprächen sie für 80 Prozent der Muslime hierzulande.[71]

---

70 DIE WELT online vom 20.8.2012
71 DIE WELT online a.a.O.

Weiteres Beispiel: Man setzt auf's Zuhören. 2006 rief der frühere deutsche Bundesinnenminister Wolfgang Schäuble die deutsche Islamkonferenz ins Leben. Der Beginn eines langfristigen Dialogs sollte sie sein – zwischen dem deutschen Staat und den in Deutschland lebenden Muslimen. Ziel der alljährlich tagenden Konferenz sei es, „eine bessere religions- und gesellschaftspolitische Integration der muslimischen Bevölkerung und ein gutes Miteinander aller Menschen in Deutschland, gleich welchen Glaubens", zu erreichen. So das Bundesinnenministerium. In den offiziellen Tagungsunterlagen war und ist viel von „Dialog" und wechselseitigem „Respekt" die Rede. Interessanter sind vielleicht Aufzeichnungen aufmerksamer Tagungsteilnehmer wie des Autors Jan Fleischhauer, die sich die Freiheit herausnehmen, die ganze Veranstaltung aus kritischer Distanz zu regierungsamtlichen Weichzeichnungen zu bewerten: „Man muss sich die Islamkonferenz wie eine lange Therapiesitzung vorstellen, bei der jeder ausführlich das Unrecht beschreibt, das ihm als Angehöriger einer ethnischen Minderheit in Deutschland widerfährt oder widerfahren kann." Der Dialog bestehe darin, sich gegenseitig zu versichern, wie sehr Ausländer in Deutschland benachteiligt werden. „*Wer keiner zu- oder eingewanderten Volksgruppe angehört, verhält sich am besten unauffällig und hört aufmerksam zu, welche Zumutung er und die anderen 75 Millionen Deutschen für die Fremden in ihrer Mitte bedeuten.*"[72]

2. Rechtsprechung versus Integrationspolitik

Annelie Hoffmann weiß, wovon sie spricht. Bis zu dem von ihr ersehnten Eintritt in den Ruhestand 2005 war sie Lehrerin in Berlin-Kreuzberg. In ihren Grundschulklassen saßen zu rund 80 Prozent türkische Kinder, von denen wiederum 80 Prozent bei der Einschulung kein Wort Deutsch sprachen. Annelie Hoffman war genötigt, Türkisch zu lernen, um sich überhaupt verständlich zu machen. Heute kann sie darüber wunderbar anschaulich erzählen. Ihre Erläuterungen klingen so: Junge türkische Frauen finden zunehmend den Weg in die offenere deutsche Gesellschaft. Sie kleiden sich modern, gehen tanzen, werden selbstbewusst, streben Ausbildungen an. „Aber die jungen Männer", sagt sie und schmunzelt etwas, „die kommen damit nicht zurecht. Die haben die herkömmlichen Strukturen im Kopf, möchten weiter ihre Rolle leben." Die Konsequenz? Sie suchen sich Ehefrauen, die das herkömmliche Rollenspiel geduldig akzeptieren beziehungsweise noch nicht in Frage stellen. Und diese

---

72   Fleischhauer a.a.O., S. 250

jungen Ehekandidatinnen finden sie in Anatolien oder anderen Regionen der östlichen Türkei.

„Diese oft ganz jungen Dinger kommen also nach Deutschland, ohne in ihrem Leben jemals auch nur ein Wort Deutsch gehört, geschweige gesprochen zu haben", sagt Frau Hoffmann. „Sie sind hier hilflos, werden in ihrem familiären Umfeld untergebracht, gehen zum türkischen Friseur, zum türkischen Händler, haben türkische Nachbarn, sehen und hören türkischsprachige Medien, brauchen daher Deutsch nicht einmal ansatzweise zu lernen.

Annelie Hoffman versucht zu lächeln: „Sie bekommen Kinder, denen sie naturgemäß die Sprache des Gastlandes mit keiner Silbe vermitteln können. Und dann finden sich diese Kinder auf einmal in einer deutschen Grundschule wieder – und landen auf einem anderen Stern".

Es verdient hervorgehoben zu werden, dass die Bundesregierung diese Missstände nicht nur erkannt – und ernst genommen hat. Hier hat man sogar reagiert und beherzt Weichen gestellt. Seit 2007 müssen Ausländer aus Nicht-EU-Staaten, die zu ihren Ehegatten nach Deutschland ziehen wollen, zuvor in ihrem Heimatland „einfache

Deutschkenntnisse" in Wort und Schrift nachweisen – etwa die Fähigkeit, sich vorzustellen oder nach dem Weg zu fragen – und die Antworten zu verstehen.

Dieser seither vor der Einreise zu erbringende Nachweis von **Grundkenntnissen der deutschen Sprache** ist der Erkenntnis geschuldet, dass Integration am Ende nur dem gelingen kann, der mit der Sprache des Landes vertraut ist, in das er strebt und in dem er leben, arbeiten und am sozialen Umfeld und an Bildungschancen teilhaben möchte. Nur über die Brücke der Kommunikation und des Zuhörens formt sich eine Gesellschaft – zumal eine solche wie die deutsche, für die der soziale Zusammenhalt, der soziale Ausgleich und die Solidarität zwischen allen Gruppierungen im Staat ein hohes Gut darstellt.

Ein Kernziel der Vorgabe, vor dem Familiennachzug Sprachkenntnisse zu verlangen, war es auch, Zwangsehen zu verhindern. Insbesondere Frauen sollen vor dem Zuzug in ihrer sprachlichen und damit sozialen Kompetenz gestärkt werden. Der Gesetzgeber hielt es für einen Irrglauben, anzunehmen, dass integrationsferne Familien betroffene Frauen freiwillig in Integrationskurse schicken werden. Kurzum – mit der Regelung sollte generell an alle ausländischen Familien das klare Signal ausgesendet werden, dass es ohne Deutsch nicht geht.

Der türkische Ministerpräsident Erdoğan sah das anders. In einem Interwiev mit der BILD-Zeitung am 1. November 2011 sagt er: „...wer Deutschkenntnisse zur wichtigsten Voraussetzung erklärt, verletzt die Menschenrechte. Auch in den relevanten EU-Richtlinien steht von einer solchen Voraussetzung nichts. So etwas verletzt uns ...". Man könnte entgegnen: Wenn Einwanderer die Sprache des Landes, das sie sich – freiwillig – zum Ziel wählen, nicht verstehen, verletzen und beschneiden sie selbst automatisch ihre Rechte.

Am 30. März 2010 hat das Bundesverwaltungsgericht das – inzwischen vorletzte – verbindliche Wort gesprochen: „Das Erfordernis einfacher Deutschkenntnisse beim Ehegattennachzug steht im Einklang mit dem Grundgesetz und dem Europarecht."

Aber dann passierte es. Der Europäische Gerichtshof, lebensfern den Buchstaben einer uralten „Vereinbarung" verpflichtet, kippte den Deutschtest für Ehepartner aus der Türkei. Er verstoße gegen EU-Recht – so der EuGH am 10.7.2014. Die türkische Gemeinde in Deutschland brach in Jubel aus.[73] Die dürre Begründung der Luxemburger Richter liest sich wie folgt: Die Forderung nach Sprachkenntnissen verstoße gegen Vereinbarungen der Türkei mit dem EU-„Vorgänger", der Europäischen Wirtschaftsgemeinschaft, abgeschlossen zu Beginn der 1970er-Jahre. Damals hätte man vereinbart, die Niederlassungsfreiheit nicht zu erschweren. Der Sprachnachweis aber könne türkische Staatsangehörige davon abhalten, sich in Europa niederzulassen. Ein Betroffener könne sich „zu einer Entscheidung zwischen seiner Tätigkeit in einem Mitgliedstaat und seinem Familienleben in der Türkei gezwungen sehen." Damit ist das Spracherfordernis zwar nicht generell „gekippt", jedoch auf Türken unanwendbar geworden.

Ist Rechtsprechung nicht immer auch Abwägung? Setzt eine erfolgreiche Integration nicht zwingend Sprachkenntnisse voraus? Und hat der Sprachtest im Heimatland nicht zugleich eine überragende Schutzfunktion für den nachziehenden Partner?

Zudem – auch die „clausula rebus sic stantibus" entspricht alter europäischer Rechtstradition: Ver-

---

73   DIE WELT, 11.7.2014, S. 1

einbarungen gelten im Rahmen der zu ihrer Zeit herrschenden Verhältnisse. 1970 zählte man rund 652.000 türkische Staatsangehörige in Deutschland. 2011 waren es 1.607.161. Die Zahl türkischstämmiger Menschen hierzulande allerdings – zu denen auch Eingebürgerte sowie hier geborene Kinder zählen, die die deutsche Staatsangehörigkeit bei Geburt zusätzlich zu ihrer türkischen erhalten – liegt markant höher, nämlich bei rund 3 Millionen, Stand 2012.

Die Verhältnisse haben sich also evident verändert. Parallelgesellschaften haben sich installiert und verfestigen sich kontinuierlich, woran 1970 noch niemand im Traum dachte. Die angebliche Realitätsferne europäischer Sichtweisen und Entscheidungen, oft besungen und an die Wand gemalt – hier wurde sie zur handfesten richterlichen Realitätsverweigerung.

Rechtsprechung versus Einwanderungsrealität

Allerdings – auch andere europäische Vorgaben zeichnen sich mitunter durch nennenswerte Lebensfremdheit aus und fallen unseren Zuwanderungspolitikern in den Arm. Und dies ist die Situation: Zum 19.12.2009 wurde die Visumspflicht für Staatsangehörige Serbiens, Montenegros und

Mazedoniens für bis zu 90-tägige Aufenthalte im Schengenraum aufgehoben. Und gleichsam über Nacht avancierte Serbien im Jahr 2010 mit 4.978 Anträgen und erneut 2011 mit 4.579 Anträgen auf den jeweils dritten Rang aller Herkunftsländer von in Deutschland Asyl Suchenden. Mehr als 90 Prozent der serbischen Antragsteller sind Angehörige der Roma. Laut Bundesinnenministerium sind gerade sie ganz offensichtlich nicht als politisch Verfolgte einzuordnen. Man verweist an dieser Stelle für eine regierungsamtliche Verlautbarung überraschend unverhohlen auf die mit diesen Einreisen verbundenen Belastungen der öffentlichen Hand.[74]

Bis hierher reden wir über die bekannte Blauäugigkeit der Instanzen unserer Europäischen Union, die die Abkommen zur Visumserleichterung mit diesen Staaten locker-flockig und europäisch-großmütig über den Realitäten in diesen Ländern schwebend ausgehandelt, verabschiedet und in Kraft gesetzt haben. Dann aber tritt unser Bundesverfassungsgericht auf den Plan. Am 17. Juli 2012 erklärt es die bisher in Deutschland an Asylbewerber und Flüchtlinge gezahlten sozia-

---

74 Pressemitteilung des BMI vom 15.01.2013

len Leistungen für „menschenunwürdig".[75] Die staatlichen Hilfen seien ungefähr auf das Niveau von Sozialhilfe und Hartz IV zu erhöhen.

Demnach erhalten Asylbewerber von nun an Leistungen in Höhe von 336 Euro monatlich. Davon müssen 130 Euro „für die persönlichen Bedürfnisse des täglichen Lebens" in bar ausbezahlt werden. Bislang lag dieser Betrag bei 40 Euro. Die Übergangsregelung gilt rückwirkend ab 2011 für alle noch nicht rechtskräftig ergangenen Bescheide.

Verfassungsrichter sind gewissenhaft. Einem Steuerzahler würde es nun möglicherweise nicht abwegig erscheinen, wenn bei Asylmissbräuchen konsequenterweise ebenfalls eine neue Gewissenhaftigkeit erwogen würde. Rechtliche Regelungen verlangen Respekt – so oder so? Derartige Ansätze waren im Rahmen der zahlreichen Kommentare aus dem Beifall bekundenden Spektrum unserer politischen Elite jedoch mit keiner Silbe herauszuhören.

Seinerzeit betraf das Urteil nicht nur rund 130.000 Asylbewerber und geduldete Ausländer, die nun erheblich höhere Leistungen erhalten. Es betrifft

---

75 Aktenzeichen: 1 BvL 10/10 und 2/11

nicht nur die Kommunen, die sich nach Berechnungen des Deutschen Landkreistages auf Mehrkosten von bis zu 130 Millionen Euro pro Jahr einstellen müssen. Es war und ist vor allem ein glasklares Signal an die Schlepper und die Armen dieser Welt.

Schlepper? Richter sind den Menschenrechten verpflichtet, unbeirrbare Wächter über die Parameter der menschlichen Würde im Land. Und dabei nicht etwa völlig lebensfern: „migrationspolitische Erwägungen", so führen sie in ihrem Urteil aus, „die Leistungen an Asylbewerber und Flüchtlinge niedrig zu halten, um Anreize für Wanderungsbewegungen durch ein im internationalen Vergleich eventuell hohes Leistungsniveau zu vermeiden, können von vornherein kein Absenken des Leistungsstandards unter das physische und soziokulturelle Existenzminimum rechtfertigen."[76]

Ein „eventuell" hohes Leistungsniveau – weise Einsichten vom höchstrichterlichen Olymp? Für die politische Dimension eines solchen Leistungsangebots in der untrennbaren Verbindung mit unserem weltweit einmaligen Verfassungsangebot der Asylgewähr sind andere – sprich: gewählte Regierungen

---

76 So das BVerfG, Aktenzeichen 1 BvL 10/10 und 2/11

– verantwortlich. Sie haben sich nun mit diesen, „Anreizen" zu arrangieren, die unsere Richter vage und wie in einer Randnotiz erwähnen.

Und damit sind wir wieder bei Serbien. Dieses Land rückte nach dem generösen Urteil des Verfassungsgerichts schlagartig – mit 12.812 Asylanträgen im Jahr 2012 und einer Steigerung von 85 Prozent gegenüber dem Vorjahr – auf Platz eins aller Herkunftsländer von Asylsuchenden in Deutschland. Dieser Trend setzte sich mit 18.001 Asylbewerbern aus Serbien – einem erneuten erstaunlichen Plus von 62,2 Prozent – im Jahr 2013 lebhaft fort. So schreiben eben auch unsere Richter ihre migrationspolitischen Kapitel, mitunter Arm in Arm mit abgehobenen Europapolitikern, die Serbien, dem Herkunftsland Nummer eins unserer Asylbewerber, im März 2012 im Wege gängigen Wegschauens den Status eines EU-Beitrittskandidaten zuerkannten.

Nur als abschließende Randbemerkung: Am 21. Januar 2014 hat die EU mit diesem Kandidaten auch die Beitrittsverhandlungen begonnen. Vielleicht lässt sich im Rahmen solcher Verhandlungen dezent thematisieren, dass in unserer EU, die sich als „Wertegemeinschaft" begreift, mit Minderheiten wie etwa den Roma menschenwürdig umzugehen ist?

3. Neid auf den Nachbarn Schweiz?

Der 9. Februar 2014 ist ein eigentlich friedlicher Sonntag. Am Abend aber schlägt eine Nachricht wie eine Bombe ein: In der Schweiz erhielt der Volksentscheid „gegen Masseneinwanderung" eine Mehrheit. Deutsche Medien sowie zahllose deutsche Politiker stellten vor allem heraus, dass a) das Ergebnis dieser Volksbefragung „äußerst knapp" ausgefallen sei, und dass b) die Partei, die diesen Entscheid initiiert hatte – die Schweizerische Volkspartei, kurz SVP – eine „rechtspopulistische Vereinigung" sei.

Unausgesprochen aber stand es im Raum: Solche Volksbegehren sind in unserer Rechtsordnung nicht vorgesehen – jedenfalls nicht auf Bundesebene. Ohne jeden Zweifel wäre es aus basisdemokratischer Sicht mehr als vertretbar, das Volk darüber entscheiden zu lassen, wer in den Grenzen eines souveränen Staatswesens leben soll. Und wer nicht. „Eine Gesellschaft, die nicht mehr darüber entscheiden will, wer innerhalb ihrer Grenzen lebt, lässt das demokratische Leben verkommen", so schon 2002 Paul Scheffer in DIE ZEIT.[77]

---

77   DIE ZEIT vom 11.7. 2002, Seite 3

Dass die Eidgenossen diese Art demokratischer Basiskonsultationen zu schätzen wissen und auch der Abstimmung große Bedeutung zugemessen haben, dürfte außer Zweifel stehen. Sie gingen in vergleichsweise großer Zahl an die Urne. Die Wahlbeteiligung lag bei rund 56 Prozent, der fünfthöchste Wert in der Schweiz seit 1971.

Die Entrüstung auf deutscher Seite versuchte, sich hinter formalen Aspekten wie die Vertragsbindung der Schweiz im Rahmen der mit der EU vereinbarten Freizügigkeit zu verstecken. Man thematisierte emsig und überbetont die „Verträge" der Schweiz mit der EU. Nahezu panisch umsegelte man den Kern des Problems: die Skepsis der angestammten Bevölkerung gegenüber einer Zuwanderung, die ihr über den Kopf zu wachsen droht. Einer Zuwanderung, die sie nicht „bestellt" hat, und deren Problematik immer deutlicher und vielschichtiger zutagetritt.

Was die alarmierten Repräsentanten hierzulande zudem konsequent ignorieren: In der rund acht Millionen Einwohner zählenden Schweiz hat fast jeder Vierte keinen Schweizer Pass. Knapp 300.000 von ihnen sind aus Deutschland eingewandert, die Zuzügler aus dem „großen Kanton" stellen somit – hinter den Italienern – die zweitgrößte Ausländergruppe. Seit dem vollständigen Inkrafttreten der Personenfreizügigkeit mit der EU wandern pro Jahr 70.000 bis 80.000 mehr Menschen in die Schweiz ein als aus.

Die SVP machte diesen Zustrom für zahlreiche Probleme verantwortlich. Dazu gehören neben ihren Kernthemen wie die nachweisbar überdurchschnittlichen Kriminalitätsraten von Ausländern und der Asylmissbrauch auch Entwicklungen, über die selbst Kritiker der Partei klagen: volle Züge, steigende Immobilienpreise, Druck auf Löhne und Sozialsysteme oder die „Zubetonierung" des Landes. So forderte die SVP in ihrer Initiative nicht nur, dass der „Anspruch auf dauerhaften Aufenthalt, auf Familiennachzug und auf Sozialleistungen beschränkt werden kann", sondern auch einen „Vorrang für Schweizerinnen und Schweizer" auf dem Arbeitsmarkt. DIE WELT mutmaßte überraschend mutig: „Stünde nicht die SVP hinter der Initiative, wäre die Zustimmung womöglich noch größer gewesen. Der eigentlich aus der Verhaltensbiologie stammende Begriff ‚Dichtestress' ist in der Schweiz zum geflügelten Wort geworden."

Interessant am Ausgang des Volksbegehrens bei unseren Nachbarn war also weniger dessen Ergebnis – als vielmehr die Reaktion in anderen europäischen Ländern. Und insbesondere bei uns. Man reagierte wie ein aufgescheuchter Hühnerhaufen. War Neid im Spiel? Blanker Neid über den Schneid der Eidgenossen, selbst bestimmen zu wollen, wer in ihren Grenzen leben soll? Oder vielleicht Angst, dass uns nun auch in Deutschland markante Stellungnahmen zum Thema Einwanderung ins Haus stehen? Am Ende einer Diskussionsrunde zum Schweizer Referendum bei „hart aber fair" in der ARD wurden Stellungnahmen von Bürgerinnen und Bürgern verlesen. Eine dieser Meinungsäußerungen war bemerkenswert: Würde eine solche Volksbefragung in Deutschland durchgeführt, so der Einsender, würde das Ergebnis noch viel deutlicher ausfallen.

4. „Selbstlähmung" und „Zeitgeistfallen"

Mangels Volksbegehren sei an dieser Stelle die Frage erlaubt: Wer eigentlich wollte eine derart massive Zuwanderung, wie wir sie in Deutschland erleben? Eine millionenfache Einwanderung aus Kulturkreisen, die dem unserem eher fremd gegenüberstehen? Ich bleibe dabei: Einwanderung in der heutigen Dimension war weder geplant noch gewollt. Sie passierte. Genau das aber führt zu der nicht minder brennenden Frage: Wer hat solche Entwicklungen zugelassen?

Wir alle, die wir in den 70er- und frühen 80er-Jahren an den Bahnhöfen unserer großen Städte vorbeigingen, haben sie gesehen, die „Gastarbeiter", die dort in den Eingängen und Vorhallen in Trauben zusammenstanden, rauchten, Menschengruppen aus fremden Ländern, die Halt untereinander suchten, weil wir Deutschen einen Bogen um sie machten. Weil wir insgeheim von einem temporären, in unserer aufstrebenden Nachkriegsgesellschaft nicht wirklich realen Phänomen ausgingen. Aber sie waren real. Es wurden mehr und mehr. Und sie blieben. Wir alle haben sie eigenen Auges wachsen sehen, diese Zuwanderung.

Haben wir sie deshalb „zugelassen"?

Und wir anderen? In meiner Zeit als Mitarbeiter des Regierungsapparates erreichten mich – gerade in den Jahren, in denen Weichenstellungen noch möglich gewesen wären, also während nahezu der gesamten 1990er-Jahre – buchstäblich täglich Zuschriften unserer Mitbürgerinnen und Mitbürger. Erboste Zuschriften, warnende, erregte. Oder Briefe, in denen das blanke Unverständnis über die Welle der Einwanderer artikuliert wurde, die aus der Sicht zahlreicher Menschen ohne tiefere Berechtigung von weit her nach Deutschland hineinströmten.

Rätselhafterweise wurde aus dieser weit verbreiteten Kritik an der erkennbar nicht an plausiblen Parametern orientierten Migration zu keinem Zeitpunkt so etwas wie ein „Mainstream". Tatsächlich ging ein einziges Mal so etwas wie eine Protestwelle durch das Land. Als 1992 und 1993 die Zahl der Asylbewerber aus aller Herren Länder an der Jahresmarke von 500.000 zu kratzen drohte, regte sich ein bis dahin ungeahnt breiter Widerstand gegen Asylmissbrauch und planlose Einwanderung sowie – vor allem – gegen die Ohnmacht unserer Politik. Hier reagierte man. Spät, aber man reagierte schließlich.

Dieser so unglaublich mühsam zustandegebrachte „Asylkompromiss" des Jahres 1993 beleuchtete zugleich die Strömungen in unserem bundesdeutschen Machtgefüge. Die Kräfte, die sich beharrlich gegen pragmatische – sprich: angesichts der Situation unter Aspekten der Vernunft unabweisbar notwendige – Konkretisierungen unseres weltweit einmaligen, allzu gut gemeinten und von den Realitäten der Migrationsströme ad absurdum geführten Asylgrundrechts sperrten, waren tendenziell eher „links" zu verorten. Andererseits haben auch die Parteien der damaligen Regierungskoalition keineswegs dezidiert für eine restriktivere Einwanderungspolitik gestritten. Verbal hier und da, vielleicht, wie es Regierungserklärungen von Bundeskanzler Helmut Kohl etwa von 1992 oder auch noch später belegen. Operative Politik aber ist daraus nie geworden – insbesondere und vor allem nicht unter Helmut Kohl. Warum hat die Politik über fünf Jahrzehnte hier den Kopf in den Sand gesteckt?

Und – warum ist die Bevölkerung in erheblichem Umfang diesem Kopf-in-den-Sand-Beispiel gefolgt? Ich kann an dieser Stelle versichern, über Jahrzehnte ungezählte Gespräche über unser Thema geführt zu haben. Gespräche mit Freunden, Schülern, Kollegen, Wissenschaftlern, in Berliner Künstlerkreisen oder – und gerade hier äußerst zugespitzt – mit Mitarbeiterinnen und Mitarbeitern im Deutschen Bundestag. Überall, aber wirklich überall – mit Ausnahme vielleicht von einzelnen im System sehr – geradlinig mitschwimmenden Karrierediplomaten – war der Grundtenor ein und derselbe. Ich zitiere keine Stammtischgespräche, habe zu Stammtischen nie eine Neigung entwickelt. Der Grundtenor meiner Gespräche über Jahrzehnte und bis heute war und ist bestimmt von einer überaus kritischen Sicht auf die weitestgehend ungesteuert anmutende Zuwanderung in unser Land. Von einer sorgenvollen Haltung zu dieser im Wesentlichen unstrukturierten Migration aus zu einem überraschend hohen Teil erstaunlich entfernten Ländern und uns fremden Kulturen. Viele nachdenkliche Menschen in unserem Land haben die Tragik hinter dieser wie von Geisterhand gesteuerten Entwicklung erkannt. Viele bezeichneten sie als „Ursünde der frühen 1980er-Jahre", als „unumkehrbar bevölkerungsverändernd" oder als „konfliktgeneigt".

Was aber drang davon an die Oberfläche? Hier setzt das Phänomen ein, wofür mir keine Bezeichnung einfällt. Hier wirkte plötzlich, unsichtbar, nicht wahrnehmbar, aber verwirrend effizient, soetwas wie ein „Tabu". Es war ein sanktionsbewehrtes Tabu. Wer versuchte, es zu durchbrechen, der fühlte sich sofort wie von einer Hundemeute gehetzt. Bei Themen rund um unsere Ausländer war die viel gepriesene Meinungsfreiheit unseres Grundgesetzes partiell aufgehoben. Warum? Natürlich hat es „Volkserzieher" gegeben, die sich – man konnte die Uhr danach stellen – stets sofort zu Wort meldeten, wenn es irgendeinen Vorfall rund um die Asylsituation zu vermelden gab. Oder einen Vorstoß zur Problematik der Zuwanderung, der in die „falsche" Richtung ging. Dann waren sie zur Stelle, die Geißlers, die Süßmuths, in Rundfunkkommentaren oder Print-Kolumnen, moralisierend und stets mit dem Zeigefinger am Drücker des Menschlichkeitsdetektors. Nein – in die verkehrte Richtung durfte Kritik an der Einwanderung niemals gehen. Wobei genau diese „Volkserzieher" auch die Deutungshoheit darüber beanspruchten, welche Richtung die „verkehrte" sei. Wenn es rechtsradikale Gruppierungen gab, die solche Kritik formulierten, so war sie automatisch diskreditiert. Tragischer Weise geriet gerade dadurch, dass der rechte Rand diese Themen instrumentalisierte, das Tabu in eine Art „Erst-Recht-Effizienz". Das Ei-Henne-Spiel zeigte Wirkung: Rechte Nationalisten besetzen das Thema, konnten das Thema besetzten, weil es ein willkommenes Vakuum bei durchweg allen anderen meinungsbildenden Konstellationen gab.

Wirklich ernst zu nehmende Kritik aber, besorgte Abwägung oder verantwortungsbewusst nach vorn blickende Nachdenklichkeit wurde im Wege eines irrationalen Automatismus sofort in den unmittelbaren Zusammenhang mit diesem – grundsätzlich stigmatisierten – rechten Rand gestellt. Die Formel wirkte nicht nur, sie verselbständigte sich über die Zeit: Wer Zuwanderung kritisiert, der ist rechts, der ist gestrig, fremdenfeindlich und – selbstverständlich – nationalsozialistischer Rassist. Mir scheint, und damit will ich mich bescheiden, dass hier das, was Historiker das „Deutsche Trauma" nennen, eine zentrale Rolle gespielt hat. Unter dem Leitartikel „Das ewige Trauma" mahnt DER SPIEGEL in seiner Ausgabe vom 25. März 2013: „Man muss der Schuld ein Ende setzen, nicht der Erinnerung ... Nur darf die permanente Büßerhaltung nicht zur politischen und moralischen Selbstlähmung führen, kein Alibi werden, hinter dem sich die Verantwortung zu handeln versteckt." **Selbstlähmung** – das ist das Wort. Ob hier in erster Linie die Paralyse im Hinblick auf Fehlentwicklungen unserer Zuwanderungspolitik gemeint war, darf man getrost offen lassen. Die anklagende Warnung des SPIEGEL trifft unser Thema im Kern.

Noch treffender brachte es vor fast einem Jahrzehnt der angesehene Autor Rupert Neudeck auf den Punkt: „Die Staatsvernunft muss aus Zeitgeistfallen heraus".[78] **Zeitgeistfallen** – treffender geht es nicht! Längst, so Neudeck, hätten auch in der Frage der Zuwanderung Parteien und Politiker „das Ohr nicht mehr am Volk". Seinem Appell ging es wie ungezählten Appellen und Warnungen zuvor: Er verhallte ungehört.

Berlin, Oranienplatz

Sommer 2013 in der Hauptstadt: Seit zehn Monaten hausen auf dem Oranienplatz im Berliner

---

[78] Rupert Neudeck, „Die Flüchtlinge kommen. Warum sich unsere Asylpolitik ändern muss", München 2005

Stadtteil Kreuzberg Flüchtlinge in Zelten. Sie halten den Platz besetzt, um gegen Abschiebungen, für eine Arbeitserlaubnis, gegen das Leben in Sammelunterkünften und vor allem gegen die „Residenzpflicht", zu protestieren. Die Bezirkspolitik hält die Hand über das „Refugee Camp". 200 Flüchtlinge, vor allem aus afrikanischen Ländern, und ebenso viele Unterstützer leben und arbeiten auf dem Platz. Man sieht in diesen Wochen und Monaten ausschließlich Männer. Junge Männer. Sie tragen Holzpaletten von links nach rechts und Decken und Matratzen von rechts nach links. Zelte werden durch feste Hütten ersetzt.

Der Oranienplatz in Kreuzberg ist in diesen Monaten aber nicht nur die Bühne für das Schicksal einiger Hundert Flüchtlinge aus Afrika. Der besetzte Platz wirft auch ein bezeichnendes Schlaglicht auf die Politik in Berlin – oder auf die politischen Eiertänze der Administration in Deutschland überhaupt. „Als Hampelmänner und Hampelfrauen standen Bürgermeister und Senatorinnen da, denen nichts einfiel gegen die Rechtsbrüche und die Maximalforderungen der Flüchtlinge" – so schreibt Mechthild Küpper am 13.04.2014 in der FAZ. Überall sonst hätten hygienische und soziale Verhältnisse wie auf dem Oranienplatz Behörden auf den Plan gerufen, aber nicht in Kreuzberg.

Kaum eine Stimme war zu hören, die sich traute, es beim Namen zu nennen, dass die Forderungen der Flüchtlinge – ein sofortiges Bleiberecht und die Aufhebung der Residenzpflicht – schlichtweg auf etwas gegen geltendes Recht Verstoßendes abzielen? Gegen die rechtlichen Bestimmungen ihres Gastlandes, in das sie höchst freiwillig und vor allem – nach ihren Angaben – aus Angst um ihr Leben geflüchtet waren? Mit Überraschung hörte ich die Meldung, der Bezirk habe den „Besetzern", die den Platz freiwillig räumen, ein Bleiberecht angeboten? Diese Überlegungen gab es tatsächlich! Welches Verständnis würde deutschen Autofahrern entgegenschlagen, die gegen ihre Flensburger Punkteeinträge aus dem Überfahren roter Ampeln in den Hungerstreik treten? Und denen man bei Einstellung ihres Streiks das – regelwidrige – Löschen ihrer Punkte in Aussicht stellt? Konnten wir hier besonders anschaulich studieren, was Hendryk M. Broder als unsere „Lust am Einknicken" beschrieb?[79]

Wie war es dazu gekommen? Im Herbst 2012 marschierten Flüchtlinge aus Würzburg bis zum Brandenburger Tor, um gegen die Flüchtlingspolitik zu protestieren. Während einige Flüchtlinge am Brandenburger Tor zunächst einen Hungerstreik insze-

79 Henryk M. Broder, „Hurra, wir kapitulieren! Von der Lust am Einknicken", Berlin 2006

nierten, schlugen andere schon auf dem Oranienplatz Zelte auf. Der damalige Bürgermeister von Kreuzberg-Friedrichshain, Franz Schulz von Bündnis 90/Die Grünen, hieß sie willkommen. Im Camp kamen und gingen die Leute. Niemand wusste je, wer dort lebte oder wie viele dort lebten. Die ehemalige Gerhart-Hauptmann-Schule in der Nachbarschaft wurde ebenfalls besetzt. So wurde der Oranienplatz mit seinen rebellischen Flüchtlingen zur beliebten Touristenattraktion Kreuzbergs. Gäste aus aller Welt konnten es hier aus unmittelbarer Nähe bewundern: das „Einknicken made in Germany".

Und so lässt es sich zusammenfassen, das 18-monatige Drama unfähiger deutscher Migrations- und Flüchtlingspolitik: ein wilder Campingplatz mitten in der Stadt. Flüchtlinge mit dubiosem Aufenthaltsstatus, die sich als legitime Vertreter von Millionen fühlen. Afrikaner, die tagelang auf dem Dach einer Schule demonstrieren, die hoch oben auf dem Berliner Fernsehturm einen Sitzstreik inszenieren und umfängliche Polizeieinsätze verursachen. Männer aus dem Niger, aus Nigeria oder Somalia, die schließlich die Kreuzberger Heilig-Kreuz-Kirche besetzen. Flüchtlinge, auf deren Rechtsbrüche Bezirksverwaltung und Senat über ein Jahr lang paralysiert wie das Kaninchen auf die Schlange starren. Politiker, die sie sogar ermutigen, ihre Verstöße gegen geltendes Recht fortzusetzen. Und Politiker, die lange unfähig sind, die unhaltbaren Zustände zu begreifen und zu beenden.

Vor dem Hintergrund des seit Sommer 2014 zu aktuell augenfälligen Dimensionen anschwellenden Flüchtlingsstroms wagte Berlins Senator für Gesundheit und Soziales, Mario Czaja, die Diskussion um die Flüchtlinge vom Oranienplatz in eine dem Wahrheitskern der Situation nahekommende Richtung zu lenken: Im Gegensatz zu den neu ankommenden Asylbewerbern verfügten die meisten von ihnen über eine Unterkunft in einem anderen Bundesland, würden sie aber nicht nutzen. „Die Diskussion läuft am wirklichen Problem vorbei", so Czaja. Das „wirkliche Problem" – ein großes Wort. 10.400 Flüchtlinge sind – Stand September 2014 – in Berlin untergebracht. Die meisten stammen aus Syrien (1070), Serbien (800) und Bosnien-Herzegowina (650). Von den Flüchtlingen aus Bosnien erhalten lediglich 0,01 Prozent Asyl, sie belegen aber ein Drittel der Unterkünfte.[80] Das wirkliche Problem – ist es das Gewährenlassen?

---

80   *Berliner Morgenpost* vom 3.9.2014

IV   „Brauchen" wir Zuwanderung?

SZENE 1

„Sie blieben ante muros", sagte er. Seine Augen rollten. „Ante muros." Er stellte seine Hand mit der Kante auf die Tischplatte, um eine hohe, feste Mauer anzudeuten. „Es waren erstaunliche Kraftakte Europas. Viel hätte nicht gefehlt. Damals, vor Wien, hatte die Stadtmauer schon Lücken. Zu eurem unvorstellbaren Glück waren die schweren Kanonen der Türken schon vorher, auf dem Balkan, im Schlamm stecken geblieben."

Er hatte einen schwarzen Schnurrbart – und eine deutsche Frau. Darauf war er stolz. „Wie blauäugig seid ihr eigentlich, ihr Europäer? Seht ihr es nicht? Wollt ihr es nicht sehen? Ein Blick in die Geschichtsbücher genügt doch." Er rollte mit seinen dunklen Augen. „Dort steht es zwischen allen Zeilen, das Credo des Morgenlandes: Wir wollen den Okzident!"

Er stammte aus dem Libanon. Völkerrechtler war er, wie ich. So kamen wir ins Gespräch, seinerzeit, in Bonn, kurz nach der Friedlichen Revolution in der DDR. In der Kneipenszene der beschaulichen Bonner Südstadt merkte man in diesen Tagen davon noch rein gar nichts. Dennoch – die Mauer war gefallen. Westeuropa erlebte schlagartig eine neue Dimension von Einwanderung. Man diskutierte darüber, aufmerksam bis besorgt. Auch wir kamen auf das Thema, ungeplant, wie von selbst.

Er saß an meinem Tisch, war mir als temperamentvolles Gegenüber aufgefallen. „Auf dem Marsfeld im Süden Frankreichs", er beugte sich zu mir vor, als wolle er ein Geheimnis preisgeben, „wer weiß das heute noch, bei euch?

Man schrieb das Jahr 732. Von der Iberischen Halbinsel her stürmten sie über die Pyrenäen. Hinein in die Weiten Südfrankreichs. Karl Martell gelang es nur unter gewaltigen Anstrengungen mit einem vereinten europäischen Heer, die furios kämpfenden Mauren zurückzuschlagen. So war das." Mein Völkerrechtspartner war nun in seinem vehementen Plädoyer nicht mehr zu stoppen. „Einmal haben euch dann die Polen gerettet", sagte er. „Das war unter König Jan Sobieski, Ende des 17. Jahrhunderts." Seine Augen rollten: „Alles schon vergessen? Dreimal in eurer Geschichte schwebtet ihr Europäer in höchster Gefahr. Der Orient wollte euch. Aber – er blieb ante muros."

Seine Handkante landete erneut auf der Tischplatte. „Wir wollen den Okzident! Daran hat sich doch nichts geändert. Was glaubt ihr denn, ihr Europäer?" Eines aber, fuhr er fort, eines habe sich geändert: „Heute – heute sind sie intra muros". Seine Augen rollten mich an. „Intra muros." Seine Hand lag jetzt flach auf dem Tisch. „Und sie gehen nie wieder raus."

Ich hatte erstaunt zugehört. Diese Sicht der Dinge war mir neu. Vor allem: Darf man so reden, im politisch durchaus korrekten Westdeutschland?

Er gab mir seine Karte. Dr. Ibrahim S. An der Universität Beirut lehrte er europäisches und internationales Recht. Er durfte so reden.[81]

---

81 Zitiert nach Hans Jörg Schrötter, „Auf nach Germania", München 2014, S. 21 ff.

SZENE 2

Loreta ist blond. Und sehr charmant. Sie stammt aus Litauen, lebt seit einigen Jahren in Berlin-Neukölln. Sie geht natürlich zu Elternversammlungen um zu erfahren, wie sich ihr kleiner Sohn wohl in der Kita so entwickelt. Die Kita liegt ebenfalls in Neukölln. Das erste, was ihr im Gebäude auffällt, sind die vielen Aushänge an Infotafeln und Wänden – sie alle sind auf türkisch. Ausschließlich auf türkisch. Dann aber entdeckt sie etwas versteckt auch eine auf Deutsch geschriebene Notiz, immerhin.

Im Versammlungsraum Frauen, Omas, Mütter – fast ausnahmslos unter Kopftüchern verborgen. Loreta trifft auf eine Zusammenkunft von Kopftuchträgerinnen. Etwas beklommen schaut sie sich um. Zusammen mit einer deutschen und einer polnischen Mutti sind sie zu dritt – aus Mitteleuropa. Dann tritt die Betreuerin vor die Versammlung. Sie beginnt ihren Vortrag – auf Türkisch. Loreta ist entrüstet. Sie verstehe nichts. Naja, die Betreuerin bittet um Verständnis, die türkischen Mamas hätten weitere Kinder, müssten daher bald wieder nach Hause. Man mache das jetzt rasch auf Türkisch, werde später alles noch einmal auf Deutsch berichten. Loreta bleibt beharrlich: Auch sie habe ein weiteres Kind und nur begrenzte Zeit zur Verfügung. Ob wir hier in Istanbul seien oder in Berlin? Die Betreuerin versucht zu beschwichtigen. Die polnischstämmige Mama springt Loreta zur Seite, unterstützt die Entrüstung der „deutschsprachigen Minderheit". Während die Worte also hin und hergehen, verlassen einige türkische Mutter und Omis bereits den Raum. Sie verstehen nichts, ziehen sich zurück, gehen nach Hause ...

Und nun? Sollte die Deutsch sprechende Litauerin sich für künftige Fälle mit der türkischen Sprache vertraut machen? Als „Minderheit" im Raum? Oder sollten die Türkisch-sprachigen Eltern sich zumindest um Grundkenntnisse ihres Gast- oder freiwillig gewählten Heimatlandes kümmern? Obwohl sie in dieser Versammlung evident die Mehrheit sind? Aber nun einmal hier leben?

Was leistet der Integrationsgedanke angesichts solcher Lebenswirklichkeiten? Hätte das, was wir vage „Integration" nennen, nicht viel früher und in einer Orientierung vorgebenden Präzision konkretisiert werden müssen?

– Etwa, indem das Gastland von seinen Einwanderern eine klar definierte Sprachkompetenz erwartet – zum Schutz der Migranten sowie zugleich als plausibler Weg, um ihre Akzeptanz bei der angestammten Bevölkerung zu gewährleisten? Vor allem aber als unabdingbares Medium für die Zuwanderer, um ihre Chancen zu nutzen?

– Ganz zu schweigen von dem unbedingt einzufordernden Respekt vor der Rechts- und Werteordnung, die Einwanderer in unseren Nationen Europas vorfinden?

– Dazu gehört die simple Erkenntnis, dass Toleranz kein Einbahnstraßen-Wert sein kann, also nicht nur Zuwanderern zugute kommen soll, sondern gleichermaßen von Zuwanderern einzufordern ist.

– Im Übrigen gilt die fatale Erkenntnis, das „Integration" sehr wesentlich auch eine Frage der Zahl der zu Integrierenden ist, dass die Realisierbarkeit von Integrationsphilosophien mit wachsenden Zuwandererzahlen grundsätzlich umgekehrt korreliert.

Hat es hier jemals Vorgaben gegeben? Wer müsste die Rahmenbedingungen konkretisieren? Wem fällt die Aufgabe zu, den gesellschaftlichen Frieden auch in einer Einwanderungsgesellschaft zu gewährleisten?

1. Anwachsen der Wohnbevölkerung – nicht der Arbeitnehmerschaft

Die sehr zentrale Frage „brauchen wir Zuwanderung" reduzierte – und reduziert sich tatsächlich im Wesentlichen bis heute – auf akute Belange des **Arbeitsmarktes**. Dieser Markt aber ist ein ambivalentes Phänomen. Die Schwankungen bewegten sich zwischen den Polen der Vollbeschäftigung und einer Zahl von weit über 4 Millionen Arbeitslosen wie etwa in den Jahren 2005 und 2006. Hinzu kommen für Arbeitsplätze und Qualifikationsstrukturen hochrelevante Tendenzen wie fortschreitende Rationalisierungen, Strukturveränderungen ganzer Branchen oder die Abwanderungen von Betrieben. Ein Arbeitskräftebedarf lässt sich also nur kurz- oder allenfalls mittelfristig definieren. Wer in diesem Mechanismus nach ausländischen Arbeitskräften ruft, schafft – so die Erfahrungen der letzten fünf Jahrzehnte – bevölkerungspolitische Tatsachen von eher langfristiger oder sogar dauerhafter Natur.

Ob wir eine weitere Zunahme der ausländischen **Wohnbevölkerung** „brauchen", ist dagegen eine

Frage, die ausgeklammert wird. Zukunftsszenarien zu diesem Thema gab und gibt es nicht. Bis heute hat mir niemand plausibel erläutern können, warum ein Land von der Flächenausdehnung der Bundesrepublik Deutschland nur mit mehr als 80 Millionen Einwohnern zu funktionieren vermag.

Das Verhältnis von ausländischen Arbeitnehmern zu dem, was wir unter ausländischer Wohnbevölkerung verstehen, hat sich jedenfalls dramatisch auseinander entwickelt: Letztere Zahl nahm – im Verhältnis zu ersterer – immens zu.

Ausländer häufiger arbeitslos?

Der Anteil der <u>Menschen mit Migrationshintergrund</u> beträgt heute deutschlandweit **19,5 Prozent**. In Berlin liegt er bei 24, in Nordrhein-Westfalen bei 23,8 Prozent. Von diesen 19,5 Prozent der Bevölkerung sind bundesweit 12,4 Prozent, in Berlin 27,2 Prozent, **erwerbslos**.

Der Anteil der <u>ausländischen Bevölkerung</u> hierzulande liegt – mit mehr als 7,6 Millionen Migranten und damit einer Größenordnung, die die zusammengezählte Einwohnerzahl unserer Millionenstädte Berlin, Hamburg und München übersteigt – bei 9 Prozent. Von diesem Teil der hier lebenden

Menschen sind **15 Prozent** arbeitslos – bei einer Gesamtarbeitslosenquote von 7,3 Prozent beziehungsweise einem Anteil von 6,7 Prozent arbeitsloser deutscher Erwerbspersonen.[82]

Anders herum: Deutsche sind zu 54,1 Prozent beschäftigt, Ausländer bei uns zu 33,1 Prozent.[83] Die Statistik zeigt damit Erstaunliches auf. 1973 gehörten 65 Prozent der Einwanderer in Deutschland zu den Erwerbspersonen. 1983, zehn Jahre später, waren es nur noch 38 Prozent. Wenn heute, Stand Januar 2012, noch ein Drittel der bei uns lebenden Ausländer erwerbstätig sind, ist dies nicht etwa ein Indiz für Arbeitsscheu – sondern wohl in erster Linie das Anzeichen für einen überproportionalen Anstieg der ausländischen Wohnbevölkerung hierzulande. Es ist schwer vorstellbar, dass Politiker gleich welcher Couleur bei diesen Zahlen das viel zitierte „brauchen" noch bemühen dürften. Sie würden die Gegenfrage, wer diese Entwicklung denn gewollt, geplant oder gesteuert hat, vielleicht doch zu sehr fürchten.

---

82 Arbeitslosenquoten, bezogen auf alle Erwerbspersonen in Prozent. Quelle: Bundesagentur für Arbeit, Analyse des Arbeitsmarktes für Ausländer, Januar 2012
83 Beschäftigungsquoten in Prozent. Quelle: a.a.O.

Nun schallt unüberhörbar der Ruf nach Fachkräften durch unser Land. Seit 2011 beklagt man vehement einen Mangel an qualifizierten Kräften und ruft – mit gespenstisch unreflektiertem Mechanismus – nach „mehr Zuwanderung". Hier die Antwort: Der Anteil der heute bereits in Deutschland lebenden muslimischen Jugendlichen ohne Schulabschluss liegt stabil bei hohen 20 Prozent im Vergleich zu 7 Prozent im Bundesdurchschnitt.[84] Die Ausbildungsbeteiligungsquote von Ausländern lag laut Berufsbildungsbericht der Bundesregierung des Jahres 2011 mit 31,4 Prozent nur etwa halb so hoch wie die der jungen Deutschen mit 64,3 Prozent. 2008 blieb gut ein Viertel aller türkischen Schüler in Nordrhein-Westfalen ohne Schulabschluss. Die Quote türkischer Jugendlicher ohne Berufsausbildung lag 2008 bei 27 Prozent.

Fachkräfte! Fachkräfte?

Die Idee, nun mit sehr gezielten Vorgaben jene zu unterstützen, die schon in unserem Land leben, wäre eigentlich nicht abwegig. Viel abwegiger mutet es vor diesem Hintergrund an, eine derart massive Einwanderung zuzulassen, wie wir sie in den

---

84   Wagner a.a.O, S. 74

letzten Jahren verzeichnen. 2011 zogen 958.000 Migranten nach Deutschland, 20 Prozent mehr als ein Jahr zuvor. Damit stieg die Zahl der Zuwanderer so deutlich wie seit 15 Jahren nicht mehr. 2012 bestätigte sich dieser Trend nicht nur; mit 1.080.936 Einwanderern wurde erstmals in unserer Geschichte die Millionenmarke geknackt.

Und als dann die Zahlen für 2013 auf dem Tisch lagen, rieb sich so mancher Wegschauer und Schönredner doch die Augen: 1.226.000 Migranten aus aller Herren Länder wählten unsere Republik als Zielland? Wie bitte? Vor allem: sind diese Zahlen mit dem bei Politikern populären Ruf „Wir brauchen Zuwanderer" in Einklang zu bringen?

Kurzum: Wer reist warum zu uns ein – das ist die spannende Frage, deren Antwort weiter bestätigen kann, dass wir Zuwanderer brauchen, oder diese Auffassung als Beruhigungsansicht enttarnt.

„Die Statistik zeigt's dem Kenner, 's gibt mehr Frauen als wie Männer. Darum rat' ich allen Frau'n sich beizeiten umzuschaun." – so begann einst ein berühmtes Couplet des unvergessenen Zynikers und Kabarettisten Otto Reuter. In Statistiken von Bundesbehörden zu schmökern ist heute, in Zeiten der über allem schwebenden Political Correctness, ein Geschäft des „Zwischen-den-Zeilen-Lesens" geworden. Dennoch – man wird gelegentlich fündig.

Vorab zur Klärung: In der Europäischen Union herrscht Freizügigkeit. Hier wären nationale Parameter dem europäischen Recht nachgeordnet. Wer also nationale Zuwanderungskonzepte anmahnt – wie es dieses kleine Buch mit Nachdruck betreibt – und sein Augenmerk daher auf die „Drittstaatsangehörigen" richtet, erfährt Verblüffendes:

– „An Drittstaatsangehörige" – so führt es das Bundesamt für Migration und Flüchtlinge (BAMF) in seiner Publikation „Das Bundesamt in Zahlen 2013" aus – „die im Jahr 2013 eingereist sind, wurden 26.836 Aufenthaltserlaubnisse zum Zweck der Erwerbstätigkeit nach § 18 AufenthG erteilt." Im Vorjahr seien es 34.587 solcher Aufenthaltserlaubnisse gewesen.[85]
– Mitgezählt werden hier auch 170 Ausländer, die ganz allgemein einer „Beschäftigung" – welcher auch immer – nachgehen, sowie

---

85 „Das Bundesamt in Zahlen 2013 – Asyl, Migration und Integration", S. 79

– weitere 9.418 Drittstaatsangehörige, die keine „qualifizierte Beschäftigung" ausüben und damit nicht unter die ersehnte Kategorie der „Fachkräfte" fallen.

Und all die anderen? Kommt also die ganz überwiegende Zahl der neu zu uns strebenden Migranten aus Drittstaaten nicht, um erwerbstätig zu sein?

1. Hierzu noch einmal das BAMF: „Deutlich angestiegen ist die Zuwanderung aus humanitären Gründen (plus 44,9 %) und die Zahl der ausgestellten Aufenthaltsgestattungen (plus 83,2 %)."[86] Dies gelte namentlich für Afghanen, Syrer und Pakistaner.

2. Weiter heißt es, 15,4 Prozent der Drittstaatsangehörigen seien 2013 „aus familiären Gründen" nach Deutschland gezogen. Staatsangehörige aus der Türkei übertreffen diesen Durchschnittswert allerdings erheblich: Hier sind es 36,2 Prozent – 2012: 37,5 Prozent – die aus familiären Gründen zu uns ziehen.[87]

3. Aber es gibt auch andere Wanderungsmotive. Über 40 Prozent der Chinesen etwa reisten 2013 zum Studium oder zu einer Ausbildung ein.

---

86 a.a.O., S. 77, 79
87 a.a.O., S. 79

4. Weiterhin soll nicht verschwiegen werden, das wir „hochqualifizierte Drittstaatsangehörige", denen von Anfang an ein Daueraufenthaltstitel – sprich: eine Niederlassungserlaubnis – erteilt werden kann, hinzu addieren müssen. Für 2013 bewegen wir uns hier in einer erstaunlichen Größenordnung von 27 Personen. 2012 zählte man 244 Hochqualifizierte.

5. Eine Aufenthaltserlaubnis auf der Basis des neuen Aufenthaltstitels „Blaue Karte EU" erhielten 4.651 Migranten aus Nicht-EU-Staaten.

6. Um Forschungsvorhaben in einer vom BAMF anerkannten Forschungseinrichtung durchführen zu dürfen, sind 2013 zusätzlich 444 Forscher aus Drittstaaten eingereist. 89 von ihnen stammen aus China, 61 aus Indien, 55 aus den USA, 26 aus Japan und 20 aus Korea.

7. Schließlich weist das Ausländerzentralregister 1.201 Migranten aus, denen 2013 „eine Aufenthaltserlaubnis zur Ausübung einer selbständigen Tätigkeit" erteilt wurde, weil „ein wirtschaftliches oder ein regionales Bedürfnis" bestand.[88]

Summa summarum – und hier wird es spannend – verzeichnen wir, Stand 2013, eine Zuwanderung von *„Fachkräften und Hochqualifizierten*

---

88   a.a.O, S. 86

aus Drittstaaten" in einer Größenordnung von **23.997 Personen – bei einem Zuzug von 446.002 Migranten aus Drittstaaten insgesamt.**

Wandern tatsächlich jene zu uns, die Wolfgang Bosbach schon im Jahr 2000 mit seinem Lippenbekenntnis „es geht nicht um mehr Zuwanderung, sondern um qualifizierte Auswahl von Zuwanderung" meinte?[89] Und wenn nein – hat hier nicht die Zuwanderungspolitik nachhaltig versagt?

Zuwanderungspolitik? Welche Zuwanderungspolitik?

Defizite? Defizite!

Wenn wir auf die erstaunlichen Zuwanderungszahlen der letzten Jahrzehnte blicken, wenn heute weit mehr als 16 Millionen Menschen in Deutschland einen „Migrationshintergrund" haben, und zugleich die Klage über einen Mangel an Fachkräften immer lauter schallt – dann muss irgendetwas schiefgelaufen sein, mit der Regelung von Immigration.

---

89 So Wolfgang Bosbach am 11. September 2000 in der Konrad-Adenauer-Stiftung in Berlin, vgl. S. 9.

Regelung?

- Der deutsche Gesetzgeber regelte und regelt die Arbeitsmigration – ohne verantwortungsbewusst zu kalkulieren, dass auf diesem Wege eine unumkehrbare Bevölkerungspolitik ins Werk gesetzt wird.
- Zeigt diese dann Folgen einer alle überraschenden Art, so retten wir uns hinüber in die nächste Prämisse: „Die Integration wird es schon richten." Die Zuständigkeit wechselt – vom Bundesarbeitsministerium zum Bundesinnenministerium.
- Fataler Weise zeigt der Rückblick, dass ausländische Arbeitskräfte bei rückläufigen Konjunkturzyklen leider relativ früher und häufiger von Arbeitsplatzverlusten betroffen sind. So fliegt der Bumerang der konzeptionellen Defizite letztlich in den Ressortbereich des Arbeits- und Sozialministers zurück.

Wer aber fragte die zu uns Strebenden jemals nach ihrer Integrationsbereitschaft und -fähigkeit? Wenn wir uns nicht ausschließlich an Zahlen, sondern vielleicht an zukunftsfähigen Berufsprofilen oder an der Bereitschaft orientieren, unser Land, seine Gesellschaft und seine Traditionen zu akzeptieren, wird es hierzulande konfliktträchtig. Können, dürfen wir eine dahingehende Auslese treffen? Wäre das nicht inhuman? So fragen die einen. Hat es nicht mangels mutiger Regelungen vierzig Jahre lang eine Einwanderung in unser soziales Netz gegeben? So fragen die anderen.

Und wer hat jemals gewagt, den bereits im Land lebenden Migranten Vorgaben zu machen, um ihre Potenziale zu aktivieren und sie mit fairen Angeboten und Anreizen fit zu machen für die Anforderungen einer Industriegesellschaft, deren zentrale Zukunftssicherung und deren zentraler „Rohstoff" die Qualifikation darstellt?

Fakt bleibt: **Die Zuwanderung nach Deutschland ist in den zurückliegenden Jahrzehnten nicht unter Prämissen gesteuert worden, die sich unter Aspekten einer vorausschauenden Planung rational nachvollziehen ließen. „Nach den USA hat kein anderes westliches Land, gemessen an seiner Population, so viele arme, halbalphabetisierte Menschen mit unzulänglichen Berufskenntnissen ins Land gelassen wie die Bundesrepublik. Nirgendwo haben die Behörden so großzügig darüber hinweggesehen, ob einer etwas kann, damit er nicht der Allgemeinheit zur Last fällt, oder ob es wenigstens Anlass zur Vermutung gibt, dass er später auf eigenen Beinen steht."[90]**

---

90   Fleischhauer a.a.O., S. 258

2. Aufenthaltsrecht und Familiennachzug

Mit welchen Regelungen eigentlich versucht unser Land, einerseits den immensen Einwandererstrom zu kanalisieren und andererseits eine vermeintlich dringende „qualifizierte" Zuwanderung zu erreichen?

Die Antwort stiftet ungeahnte Ernüchterung. Eindimensional-formale Verwaltungsparameter beherrschen das Bild. Nach Deutschland einreisen und sich hier aufhalten dürfen Personen, die neben einem gültigen Pass über einen Aufenthaltstitel verfügen, also über

– ein Visum,
– eine (befristete) Aufenthaltserlaubnis,
– eine (unbefristete) Niederlassungserlaubnis oder
– eine (unbefristete) Erlaubnis zum Daueraufenthalt-EG.

Eine – zur Erwerbstätigkeit berechtigende – Niederlassungserlaubnis erhalten Ausländer, die

– seit fünf Jahren die Aufenthaltserlaubnis besitzen,
– über ausreichende deutsche Sprachkenntnisse verfügen,
– ihren Lebensunterhalt ohne öffentliche Mittel bestreiten können,

- über ausreichenden Wohnraum für sich und die bei ihnen lebenden Angehörigen verfügen,
- keinen Grund für eine Ausweisung liefern
- und – sofern für sie eine Visumspflicht besteht – mit dem erforderlichen Visum eingereist sind.

Die so genannte Erlaubnis zum Daueraufenthalt-EG, die auf eine Richtlinie der Europäischen Union vom 25.11.2003 zurückgeht, ist ein ebenfalls unbefristeter Aufenthaltstitel. Er gewährt das Recht, in einen anderen Mitgliedstaat der EU weiterzuwandern. Zudem bietet er – wie die Niederlassungserlaubnis – eine weitgehende Gleichstellung von Drittstaatsangehörigen mit Deutschen, so etwa beim Zugang zum Arbeitsmarkt oder bei sozialen Leistungen. Erteilt wird dieser Aufenthaltstitel unter weitgehend vergleichbaren Bedingungen wie die Niederlassungsfreiheit, also u.a. bei fünfjährigem Aufenthalt mit Aufenthaltstitel, ausreichenden Sprachkenntnissen und genügendem Wohnraum. Der Lebensunterhalt muss hier aber „durch feste und geregelte Einkünfte gesichert" sein.

Auch zum **Familiennachzug** hat sich die Europäische Union einheitliche Regelungen geschaffen. Ausländer, die den Wunsch haben, Familienangehörige aus ihrem Heimatland nach Deutschland nachziehen zu lassen, müssen im Allgemeinen

- eine Niederlassungserlaubnis, eine Aufenthaltserlaubnis oder eine Erlaubnis zum Daueraufenthalt-EG besitzen,
- über ausreichenden Wohnraum verfügen,
- den Lebensunterhalt ihres Familienangehörigen ohne öffentliche Unterstützung sichern können und
- dürfen keine Gründe für eine Ausweisung bieten.

<u>Kinder</u> von Ausländern haben grundsätzlich bis zu ihrem 16. Lebensjahr einen Nachzugsanspruch. Bis zum 18. Lebensjahr nachziehen können Kinder
- von Asylberechtigten,
- bei Einreise im Familienverbund oder
- Kinder, die die deutsche Sprache beherrschen.

Um die Integration zu fördern und Zwangsehen zu verhindern, wird der Nachzug von Ehegatten zu Deutschen oder Ausländern davon abhängig gemacht, dass
- beide Ehegatten mindestens 18 Jahre alt sind und
- der nachziehende Ehegatte sich zumindest auf einfache Art in deutscher Sprache verständigen kann. Letztere Vorgabe wurde kürzlich von unseren Richtern fernab am Europäischen Gerichtshof in Luxemburg für Partner aus der Türkei aufgehoben.

Aufenthaltstitel „BLAUE KARTE"

Seit dem 1. August 2012 gibt es einen neuen Aufenthaltstitel: die „EU-Blue Card". Man scheint ansatzweise anzufangen, auf Unternehmen, Wirtschaftsexperten und Migrationsforscher zu hören. Diese Stimmen weisen bekanntlich seit Längerem auf den sich abzeichnenden Fachkräftemangel in Deutschland hin. Sie plädieren für eine – man glaubt es kaum – „bedarfsorientierte Einwanderung". Dass dieser Begriff neu anmutet und man überrascht aufhorcht, wirft zugleich ein bezeichnendes Licht auf offenbar bisher Versäumtes. Andererseits bleibt es auch hier bei der eher einseitigen Orientierung auf Belange des Arbeitsmarktes.

Nun sollen also Hochqualifizierte kommen? Die „Blaue Karte" immerhin ist ein Versuch, die Entwicklung in diese Richtung zu steuern. Bezeichnender Weise ist sie nicht etwa eine glorreiche Initiative des deutschen Gesetzgebers. Sie beruht auf einer Richtlinie der EU, die zwingend in nationales Recht umzusetzen war.

Diese „EU-Richtlinie zur Einreise und zum Aufenthalt von Drittstaatsangehörigen zur Ausübung einer hochqualifizierten Beschäftigung (Blaue Karte EU)" enthält umfassende Regelungen für

Zuwanderer aus Staaten außerhalb der EU, die einer „hochqualifizierten Beschäftigung" nachgehen wollen. Natürlich gelten auch für sie zunächst die oben beschriebenen allgemeinen Hürden, die unser nationales Recht für einen Aufenthaltstitel vorsieht. Die Richtlinie schreibt zusätzlich folgende Zulassungskriterien vor:

- einen Arbeitsvertrag oder ein verbindliches Arbeitsplatzangebot für eine hochqualifizierte Beschäftigung,
- den Nachweis eines akademischen Abschlusses oder, wenn dies nach nationalem Recht vorgesehen wird, den Nachweis über eine mindestens fünfjährige einschlägige Berufserfahrung,
- ein Mindestgehalt in Höhe des 1,5-fachen des Bruttojahresdurchschnittslohnes – für 2014 nennt die BAMF ein Jahresgehalt von 47.600 Euro – oder des 1,2-fachen des Bruttojahresdurchschnittslohnes in Mangelberufen. Hier wird ein Jahresgehalt für 2014 von 37.128 Euro benannt.

Die Mitgliedstaaten der EU können ein Kontingent für die jährliche Zuwanderung im Rahmen dieser Richtlinie festlegen.

Hochqualifizierte mit einer Blauen Karte EU können nach 18 Monaten in einen anderen EU-Staat weiter wandern. Der zweite Mitgliedstaat kann jedoch verlangen, dass alle Voraussetzungen, die bei einer Ersteinreise in einen EU-Staat gelten, auch im zweiten Mitgliedstaat im Fall der Weiterwanderung zu erfüllen sind.

Die Richtlinie birgt einen besonderen Vorteil: Wer ein dauerhaftes Aufenthaltsrecht anstrebt, kann seine Aufenthaltszeiten in verschiedenen Mitgliedstaaten der EU zusammenzählen. Darüber hinaus können sich Inhaber der Blauen Karte EU bis zu zwölf Monate außerhalb der EU aufhalten, ohne dass sie dadurch den Aufenthaltstitel verlieren. Grundsätzlich tritt der Verlust nach sechs Monaten ein, soweit die Ausländerbehörde im Einzelfall nicht einem längeren Auslandsaufenthalt zugestimmt hat.

Die Ergebnisse dieser neuen Errungenschaft sind bislang eher mager: 2012, im ersten Jahr nach Umsetzung der Richtlinie in das nationale Recht, wanderten 2.190 Personen auf dieser Basis ein. 2013 waren es 4.651.[91]

---

91 Bundesamt für Migration und Flüchtlinge, „Das Bundesamt in Zahlen 2013 – Asyl, Migration und Integration", S. 83

3. Paradebeispiel Kanada

Verschläft Deutschland den Kampf um die Talente? Einen Kampf, der längst – weltweit – begonnen hat? Australien etwa verlangt, dass „Einwanderer bestens ausgebildet sind" und „sehr schnell einen Beitrag zur australischen Wirtschaft leisten können."[92]

Kanada gilt in vielfacher Hinsicht als Paradebeispiel einer Einwanderungsgesellschaft. Das mag damit zusammenhängen, dass die Kanadier es verstanden haben, ihre gezielte und staatlich gesteuerte Einwanderungspolitik zu einem zentralen Bestandteil ihrer Wirtschafts- und Sozialpolitik zu machen. Der Großteil der Einwanderer wurde und wird auf der Grundlage eines Punktesystems ausgewählt. Hier geht es um ihre Bildung, ihre Arbeitserfahrungen und ihre sprachliche Kompetenz. Die – langfristige – Arbeitsmarktintegration von Neuankömmlingen ist das ausschlaggebende Kriterium bei der Bewertung der kanadischen Einwanderungspolitik. Einwanderung und Arbeitsmarkt werden so effizient wie möglich aufeinander abgestimmt.

---

92 Gunnar Heinsohn, „Deutschland verschläft den Kampf um Talente", in: Frankfurter Allgemeine Zeitung vom 24.06.2010, S. 33

Professor Gunnar Heinsohn erläutert das pfiffige kanadische System in einer anschaulichen Geschichte:

„Ein Unternehmer in Toronto sucht einen Schweißer und weiß zufällig, dass aus Frankreich jemand einwandern will. Ungehalten erfährt er, dass der junge Mann draußen bleiben muss. Bei einer Taxifahrt kurz danach chauffiert ihn ein 30-jähriger deutscher Assyriologe. Der spricht besser Englisch als der Unternehmer selbst, findet aber als Keilschriftdeuter keine Anstellung. Empört wendet sich der Geschäftsmann an das Ministerium für „Citizenship, Immigration and Multiculturalism" in Ottawa. Dort ist man auf Beschwerden gut vorbereitet. Man habe seinen Schweißer genau angeschaut. Er habe aber nur die 10 Punkte für das Stellenangebot sowie noch einmal 10 Punkte für sein Alter bekommen. Es stimme schon, dass Schweißer ein Mangelberuf sei, aber dafür gebe es nun einmal seit Jahren ganz bewusst keine Punkte mehr. Mit seinen 20 Punkten schaffe er nicht einmal ein Drittel der für die Einwanderung notwendigen 67. Der Mann könne leider nur schweißen und habe keine Kompetenz für anspruchsvollere Qualifikationen. Überdies pflege Kanada keinen Sozialdarwinismus. Man könne den Franzosen nicht einfach wieder hinauswerfen, wenn – gottbewahre! – die Firma in Toronto bankrottgehe oder neue Technologien das

Schweißen ersetzten. Auch dann sei dieser Einwanderer immer noch ein Mensch mit seiner Würde und müsse von den Mitbürgern Hilfe fordern. Das habe man vermieden und damit zugleich Wichtiges gegen Ausländerfeindlichkeit getan. Die richte sich fast immer gegen Kosten und keineswegs gegen Tüchtige, welcher Religion oder Hautfarbe auch immer. Deshalb brauche Kanada trotz unschlagbarer Buntheit keine Milliarden für nationale Aktionspläne und Integrationsgipfel.

Warum denn der Assyriologe hereingelassen worden sei, legt der Unternehmer nach. Dem ständen ja nicht einmal die 10 Punkte für ein vorhandenes Stellenangebot zu. Das räumt man ein. Aber der hat allein für Sprachkenntnisse und die Höhe seines Ausbildungsabschlusses 49 Punkte sicher sowie 10 Punkte für seine Jugend. Schließlich gewinnt er noch einmal 10 Punkte für die gute Ausbildung der Ehefrau, der man ihrerseits für ihn zehn Punkte anrechnet. Damit soll nicht nur die Geschlechterparität sichergestellt, sondern auch die Familiengründung in Kanada animiert werden. All das zusammen schiebt den Assyriologen 2 Punkte über das Limit.

Aber der fahre doch nur Taxi, murrt der Unternehmer. Schon, konzediert man. Aber das werde er nach aller Erfahrung nur kurze Zeit tun. Spätestens seine Kinder würden zu den besten Köpfen Kanadas gehören. Wie man da so sicher sein könne? Gute Frage, erwidert das Ministerium. Genau wisse man das nämlich erst seit 2006. Damals ermittelte Pisa, dass Kanada als erstes Land der Welt bei den Kindern seiner Einwanderer bessere Schulnoten erreicht als bei den Kindern seiner Alteingesessenen. Seitdem sei man zuversichtlich, mit der Bevorzugung der Kompetenz vor dem Fachtraining auf dem richtigen Weg zu sein. Das solle aber nicht bedeuten, dass Intelligenz vererbt werde. Der Regierung sei es egal, wie die Eltern ihr Können weitergeben. Aber mit 85-prozentiger Sicherheit schafften sie das nun einmal. Dass etliche Forscher für Intelligenz eine Erblichkeit von ebenfalls 85 Prozent sehen, wisse man, aber Kanadas Politik baue auf simpler Erfahrung und nicht auf solchen Messwerten.

Der Unternehmer aus Toronto denkt wie deutsche Unternehmer, Ökonomen, Politiker und Arbeitsamtsleiter, sein Ministerium aber nicht. Schließlich weiß es, dass etwa Deutschland sich immer brav an Mangelberufen und aktuellen Stellenangeboten orientiert, zugleich aber die Schulleistungen seiner Einwandererkinder tiefer unter dem einheimischen Durchschnitt liegen als irgendwo sonst auf der Welt. Fehlen in Deutschland Leute bei der Ruhrkohle, werden Bergarbeiter gesucht. Herrscht Mangel im Stahlwerk, wirbt man Schmelzer an. Kümmert sich keiner um die Dementen, holt man Altenpfleger. Unbedacht bleibt, dass nicht nur Arbeiter kommen, sondern Menschen mit Sozialhilfeanspruch. Sie wandern nicht in eine stagnierende sozialistische Mengenproduktion, sondern in eine Dynamik, die Betriebe so umstandslos verschwinden lässt, wie sie neu entstehen ..."[93]

Als entscheidend für die gute Situation der Einwanderer auf dem Arbeitsmarkt kommt ihr hohes Bildungsniveau hinzu. Von der in Kanada geborenen Bevölkerung verfügten 2006 23 Prozent über einen Universitätsabschluss, während in der jüngsten Migrantengeneration diese Rate für Männer bei 58 Prozent und bei Frauen bei 49 Prozent lag.[94]

---

93 Aus dem Essay „Kein Schweißer für Toronto" in: DIE
    WELT – WELT online vom 27.02.2012
94 Oliver Schmidtke, „Einwanderungsland Kanada – ein
    Vorbild für Deutschland?" in: Politik und Zeitgeschichte
    (bpb), 4/2009, 26.10.2009, S. 25 ff.

Keine Pisa-Punkte für deutsche Einwanderungs-politik!

In welch spektakulärem Gegensatz stehen diese Zahlen zum Bildungsniveau der nach Deutschland Eingewanderten, deren Großteil zur unteren Mittelschicht gehört. Fast 50 Prozent der im Ausland geborenen Migranten in Deutschland verfügt lediglich über einen einfachen Schulabschluss.

Der Königsweg – eine im Rahmen gängigen Schönredens gern beschworene „qualifizierte Einwanderung" – hat dank dem hierzulande geradezu irrational ausgeprägten Hang zum Einknicken bis heute keine Chance, in reale Politik transformiert zu werden. Aber gerade *skilled immigrants* böten die optimale Problemlösung. Sie erfüllen die politökonomischen Kriterien und die legitim vorauszusetzenden Anforderungen an die Lern- und Leistungsfähigkeit. Unter Kanadas Einwanderern erfüllen fast 100 Prozent dieses Kriterium, in Australien sind es knapp 90 Prozent.

Zwischen Rhein und Oder hingegen liegen Migrantenkinder – von den begabten Ausnahmen abgesehen – tiefer unter dem einheimischen Leistungsniveau als irgendwo sonst auf der Welt. In den Pisa-Tests haben sie als Fünfzehnjährige 100 Punkte beziehungsweise zwei Lernjahre Rückstand. *DIE ZEIT* schrieb 2010, dass für dieses Debakel die „Ursache noch niemand gefunden" habe. „Doch die Antwort", so noch einmal Gunnar Heinsohn, „ist einfach: *Deutschland rekrutiert seine Einwanderer vorrangig nicht aus Eliten, sondern aus den Niedrigleistern des Auslands, weshalb man eben nur etwa 5 Prozent qualifizierte Einwanderer gewinnt. Und deren Nachwuchs schleppt die Bildungsschwäche weiter."*

Also doch eine Ursache? Es ist kein Geheimnis, dass muslimische Migranten, die vor der Wende in die Bundesrepublik kamen, zu einem erheblichen Teil aus bildungsfernen Kreisen stammten. Das gilt auch für den folgenden Familiennachzug – mit dem nicht zu tabuisierenden weil objektiv erkennbaren Resultat, dass es auch in der dritten Generation muslimischer Migranten bei den Integrationsmerkmalen Schule, Ausbildung und Erwerbstätigkeit kaum Fortschritte gibt.[95] Nach Brettfeld und Wetzels weisen Muslime „über alle Herkunftsländer hinweg ... ein signifikant niedrigeres Bildungsniveau als die Angehörigen anderer

---

95   Wagner a.a.O., S. 73

Religionsgemeinschaften" auf.[96] Auf den Punkt gebracht: Der Anteil der muslimischen Jugendlichen ohne Schulabschluss bleibt stabil bei hohen 20 Prozent im Vergleich zu 7 Prozent im Bundesdurchschnitt.

Fazit: Nicht etwa unsere Einwanderer oder speziell muslimische Migranten sind verantwortlich zu machen für die beschriebene Misere; ursächlich und zur Verantwortung zu ziehen ist unsere gloriose Administration,

– weil bei einem nennenswerten Teil der Einwanderer, die zu uns gekommen sind, gerade nicht danach gefragt wurde, ob wir sie „brauchen",

– weil man jahrzehntelang nicht einmal gewagt hat, Einwanderung zuzugeben, geschweige denn

– Einwanderung beispielsweise mit Augenmaß zu kontingentieren, oder sie gar

---

96 Katrin Brettfeld/Peter Wetzels, „Muslime in Deutschland. Integration, Integrationsbarrieren, Religion und Einstellung zur Demokratie", Hrsg. vom Bundesminister des Innern, Hamburg 2007, S. 332 f.

– nach klaren Vorgaben wie Qualifikation oder Integrationsbereitschaft zu steuern.

Hier passt das Wort von Hermann Hesse: „Seltsam, im Nebel zu wandern ..." Die deutsche politische Führung schien bis in die jüngste Zeit hinein ebenso entschlusslos wie unbelehrbar den erfolglosen, immer teurer werdenden Weg der verfehlten Einwanderungs- und Sozialpolitik weitergehen zu wollen. Mehr Geld für Sozialprogramme hilft dabei nicht einmal zur Bekämpfung der Symptome, wie der Politologe und Ökonom Charles Murray in seiner Studie „Losing Ground" überzeugend dargelegt hat. Murray fasste diese Entwicklung in die Gesamtformel „Mehr Geld vermehrt Armut."[97]

4. „Streitfall Ausländerkriminalität"

Es ist ein Streitfall. Er ist bis heute nicht beigelegt.

Dass die heutige polizeiliche Kriminalitätsstatistik keine Tätermerkmale wie „Religionzugehörigkeit" oder „Migrationshintergrund" enthält, ist das eine. Solche Kriterien könnten möglicherweise höchst

---

97 Aus: Gunnar Heinsohn, „Sozialhilfe auf fünf Jahre begrenzen", in: Frankfurter Allgemeine Zeitung vom 16.03.2010

aufschlussreich sein, um Täterstrukturen zu analysieren und gezielte präventive Ansätze zu erarbeiten.

Andererseits – und dies dürfte hierzulande den Ausschlag geben – könnte hier die Gefahr lauern, „ausländerfeindliche Ressentiments" heraufzubeschwören. Und so fällt es in diesem Kontext ins Gewicht, dass die obige statistische Verschleierung politisch so gewollt ist – und damit als weiteres Beispiel administrativen Schönfärbens gelten darf.

Die in der Statistik erlaubte Kategorie der „Staatsangehörigkeit" bringt wenig Licht in das Versteckspiel. Eher unterstützt sie es. Rund 45 Prozent aller hier lebenden Muslime haben inzwischen den deutschen Pass. Sie werden in den Kriminalstatistiken folglich nicht mehr als Türken oder Libanesen erfasst. Unter Umständen kann also, wie etwa bei Teilen deutschstämmiger Aussiedler oder bei eingebürgerten Ausländern, der Status „deutsch" für ein nur geringes Maß an Integration stehen. Andererseits kann von Fall zu Fall der Status „Ausländer" einhergehen mit beispielhafter Integration.[98]

---

98 So Wolfgang Heinz, „Empfehlungen der Arbeitsgruppe Optimierung des bestehenden kriminalistischen Systems in Deutschland", hrsg. vom Rat für Sozial- und Wirtschaftsdaten, Baden-Baden 2009, S. 57

Und so kaschiert – wie Joachim Wagner es mutig aufzeigt – unsere Statistik nahezu perfekt die Problemzonen, wie etwa „die hohen Kriminalitätsraten von Einwanderern aus dem muslimischen Kulturkreis bei bestimmten Delikten". Und er präzisiert: „Bei Muslimen sind es die Felder Gewaltkriminalität Jugendlicher und Intensivtäter, Drogenkriminalität und organisierte Kriminalität".[99]

Wagner findet einen überraschend plausiblen Kniff, um den Vorhang des Schönfärbens ein wenig zur Seite zu schieben. Er nimmt die Inhaftierungsraten ins Visier: Ausländer haben „ ein doppelt so hohes Risiko der Verurteilung zu einer Freiheitsstrafe und zudem das Risiko zu einer höheren Freiheitsstrafe".[100]

Ein ähnliches Bild liefere die Strafverfolgungsstatistik bei Muslimen. Ein Vergleich der Datenbasis in Nordrhein-Westfalen, Berlin und Bremen zeige, „dass in allen drei Bundesländern die Anteile der Inhaftierten aus dem islamischen Kulturkreis in Strafhaft, Untersuchungshaft und anderen Haftarten zwischen einem Drittel und mehr als der Hälfte höher liegen als ihre Anteile an der Gesamtbevölke-

---

99 Wagner a.a.O. S. 87, 88
100 Wagner a.a.O. S. 91

rung: in Nordrhein-Westfalen 16,6 Prozent Inhaftierte im Vergleich zu 7,5 Prozent Bevölkerungsanteil, in Berlin 12,1 Prozent im Vergleich zu 8,2 Prozent und in Bremen 18,1 Prozent zu 9,8 Prozent".[101]

Wer wegschaut, vermag Ursächliches nicht zu erkennen. Und wer die Ursachen ignoriert, kann nicht regelnd eingreifen. Die engagierte Neuköllner Richterin Kirsten Heisig gehörte zu denen, die nicht wegschauten. Sie wusste, wovon sie sprach, als sie die Ursachen der hohen Kriminalitätsraten der Muslime in einigen Deliktfeldern analysierte: „Da kommt vieles zusammen: einerseits hohe Arbeitslosigkeit und hohe Verwahrlosung, hinzu kommen kulturelle Faktoren: Der Männlichkeitswahn ist bei manchen Türken und Arabern besonders ausgeprägt. Ehre und Respekt sind so emotional entwickelt, dass es schnell zu Gewalt kommt. Prügeln ist in der Erziehung leider gängige Praxis."[102]

„Streitfall" hin oder her – unstreitig dürfte nach alledem jedenfalls Folgendes sein: Man ließ unreflektiert einwandern, verschrieb sich im Wege

---

101 Wagner a.a.O., S. 91
102 Kirsten Heisig, „Ich bin mit dem größten Macho klargekommen", Interview SPIEGEL-online vom 10.10.2009).

nachhaltigen Wegschauens einer Art Pseudo-Toleranz – und erntete muslimische Parallelgesellschaften, die im Konfliktfall religiöse Normen höher einstufen als deutsche Rechtsnormen. Und das alles unter dem Motto „Wir brauchen Zuwanderer"? Allen Tabus zum Trotz: Zuwanderer kommen nicht, weil wir sie „brauchen". Zuwanderer kommen. Da wir diesem Phänomen seit 50 Jahren keine stringente Politik entgegenzusetzen vermögen, gilt es, diese Ohnmacht, dieses Versagen möglichst zu kaschieren.

Das Mantra „Wir brauchen Zuwanderung", von verschiedensten Seiten unreflektiert nachgebetet, entpuppt sich bei näherem Hinsehen als eine hartnäckige Lebenslüge unserer Republik. Schon zu Geißlers Zeiten hat sie niemand plausibel erläutern können. Heute ist sie ein willkommenes Postulat, um von der fundamentalen Unfähigkeit unserer Regierenden, Einwanderungsströme zu steuern, abzulenken.

So bleibt sie immer und immer wieder offen – die Frage, was im Vorfeld der heutigen Entwicklungen hätte geschehen können, geschehen müssen? Ob nicht den politisch Verantwortlichen der letzten vierzig Jahre grundlegende Versäumnisse anzulasten sind, angelastet werden müssen, die die heutige Situation haben entstehen lassen?

V   Magnet Europa – Wo ist der Plan?

SZENE 1

Hubschrauberlärm, Polizei- und Krankenwagensirenen reißen die Einwohner der spanischen Exklave Melilla am frühen Mittwochmorgen aus dem Schlaf. Der Grund: Mehr als 1.500 schwarzafrikanische Flüchtlinge haben kurz vor 6 Uhr vom benachbarten Marokko aus die Exklave angegriffen und den Grenzzaun gestürmt. *„Ansturm auf den Grenzzaun von Melilla – 500 Flüchtlinge kommen durch"* – so titelt die TAZ am 28.5.2014.

Laut Angaben eines Sprechers der Regierungsdelegation, der Vertretung der Madrider Zentralregierung in der autonomen Stadt, gelingt es den Flüchtlingen, den ersten von drei Grenzzäunen niederzureißen. 500 von ihnen gelangen auf europäischen Boden. Die anderen werden von der Grenzpolizei, die mit 400 Mann im Einsatz ist, zurückgewiesen. Rund 20 Flüchtlinge werden direkt am Zaun gefasst und sofort abgeschoben.[103]
Auch die ARD berichtet am 28.5.2014 in der Tagesschau von einem wahren „Sturm" auf die Grenzanlagen. Bilder von eingerissenen Zäunen flim-

---

103 TAZ vom 28.5.2014

mern in unsere Wohnzimmer. Die um 19.00 Uhr ausgestrahlten Heute-Nachrichten des ZDF erwähnten dieses europäische Drama mit keinem Wort – ein weiterer Beitrag zum Thema „Wegschauen"?

Ein Video, von der spanischen grünen Partei Equo ins Netz gestellt, zeigt größere Gruppen von Schwarzafrikanern, die durch die Straßen Melillas rennen. „Bosa, bosa", rufen sie immer wieder. Es ist der Ruf der Freude und des Sieges über die Grenzbeamten. „Danke Gott!", rufen andere. Einer stellt sich vor die Kamera und grüßt seine Familie in der Heimat. „Ich habe es geschafft, mein Sohn", sagt er.[104]

Auf den Bildern ist auch ein Flüchtling zu sehen, der regungslos am Boden liegt. Wie viele Verletzte es gab, wurde zunächst nicht bekannt. Die Flüchtlinge meldeten sich umgehend im Auffanglager in Melilla. Mit Freudenrufen wurden sie dort von ihren Leidensgenossen, die die gigantische Sperranlage früher bezwungen hatten, empfangen. Unter den 500 befindet sich auch eine Frau. Sie ist die zweite, der es gelang über den Grenzzaun zu steigen.

---

104 Bericht der TAZ vom 28.5.2014

Das Auffanglager in Melilla platzt mittlerweile aus allen Nähten. Ursprünglich wurde es für 480 Personen gebaut. Mit den erneuten 500 Grenzbezwingern sind dort rund 2.500 Menschen untergebracht. Seit Jahresbeginn 2014 haben, so der Sprecher der Regierungsdelegation, mehr als 2.000 Flüchtlinge die Grenzanlagen überwunden. Den letzten großen Ansturm erlebte man im März. Damals gelangten ebenfalls 500 Menschen nach Melilla.

Nun war es bereits das dritte Mal in einem einzigen Monat, dass Flüchtlinge den Grenzzaun stürmten. Am 1. Mai erreichten 150 Afrikaner Melilla, am 17. Mai wurde der Ansturm von der Grenzpolizei verhindert. Angesichts des heillos überfüllten Auffanglagers schieben die Behörden in Melilla immer wieder größere Gruppen auf die iberische Halbinsel ab. Dort werden sie versorgt oder kommen in Abschiebehaft, sofern ihr Herkunftsland ausgemacht werden kann – was eher die Ausnahme als die Regel ist.

Derzeit wird der Zaun mit einem engmaschigen Drahtgeflecht verstärkt. Es soll verhindern, dass die Flüchtlinge hochsteigen können. Die Polizei greift immer härter durch. Die Luft knistert. In der zweiten spanischen Exklave an der nordafrikanischen Küste, in Ceuta, kam es bei einem Polizeieinsatz gegen Flüchtlinge im Februar zu mindestens 15 Toten.[105]

Wo ist die Antwort der Europäer auf dieses und andere, ähnliche Dramen? Noch mehr Sperranalgen? Noch höhere Zäune? Noch mehr Grenzbeamte? Noch mehr Abschiebungen? Noch intensivere Patrouillenfahrten auf dem Mittelmeer?

Waren Migranten jemals durch Gesetze und Mauern aufzuhalten?

SZENE 2

Das Büro der Europäischen Kommission in Berlin ist chic. Und seine Lage ist vom Feinsten. Wer aus der Wilhelmstraße kommt und um die Ecke biegt, dem zeigt sich das Brandenburger Tor in ganzer Pracht. Dort, gleich rechts am Pariser Platz, leuchten die Schaufenster der Vertretung der Europäischen Kommission. Am Morgen des 29. Januar 2014 sind dort gegen 10 Uhr rund zwanzig handverlesene Journalisten zum Pressebriefing geladen. Denn die zehntausendfache Einwanderung von Rumänen und Bulgaren ist in die Schlagzeilen

---

105 Bericht der TAZ a.a.O

geraten. Paul Nemitz will die Wogen glätten. Er, Direktor der Generaldirektion Justiz der EU-Kommission, stellt sich daher heute kritischen Fragen.

Ute Holzhey vom Radio Berlin Brandenburg berichtet gleich zu Beginn überaus plastisch von unhaltbaren Zuständen in einem Mietshaus in Neukölln. Dort habe man Romafamilien untergebracht. Da aber nun alle erdenklichen Gegenstände aus den Fenstern fliegen – von Pampers bis zu Möbelstücken – musste man über dem Eingang einen Bretterverschlag zimmern, um ein- und ausgehende Anwohner zu schützen. Von den neuen Belastungen der Kommunen ganz zu schweigen. Kinder müssen geimpft und in die Schule geschickt werden – Kinder, die nie zuvor eine Schule von innen gesehen haben. Neue Lehrer müssen eingestellt und bezahlt werden. Anwohner klagen über aggressive Bettelei. Alarm im Kiez?

Für solche drängenden Zustände hatte Paul Nemitz eine Reihe wohlklingender „Patentrezepte" parat: Die EU sei eine „Wertegemeinschaft", eine „Rechtsgemeinschaft". Oder: Es herrsche schließlich „Freizügigkeit". Die EU als bürgernahe Veranstaltung im Wahljahr 2014? Die Botschaft der „Wertegemeinschaft", ausgerechnet adressiert an die von den Wanderungsströmen betroffenen

Staaten Westeuropas? Und nicht, mit gebotenem Nachdruck, an die Herkunftsländer, die ihren Minderheiten elementarste Menschenrechte verweigern?

Dem Direktor dürfte das sich ständig zuspitzende Migrationszenario bekannt – oder genauer seit mindestens zwei Jahren – geläufig sein. Schon in den Jahren 2011 und 2012 stöhnte man in den von Rumänen und Bulgaren besonders bevorzugten Zielländern wie Großbritannien, Österreich oder den Niederlanden über den teilweise dramatischen Zuzug von Armutswanderern. So warnte der damalige deutsche Bundesinnenminster Hans-Peter Friedrich Anfang März 2013 vor einem Zustrom – er sprach das Wort mit Nachdruck aus – von „Armutsflüchtlingen". Man müsse damit rechnen, „dass Menschen überall aus Europa, die glauben, dass sie von Sozialhilfe in Deutschland besser leben können als in ihren eigenen Ländern, nach Deutschland kommen."[106]

Die EU beschwichtigte. Auch seitens der EU-Kommission versteht man es mitunter meisterlich,

---

[106] Zitiert nach *Kölner Stadtanzeiger* vom 7.3.2013

wegzuschauen und schönzufärben. Es gebe keinerlei Belege von Seiten der Mitgliedsstaaten für Armutszuwanderung. „Im Augenblick ist das kein Problem, sondern nur eine Wahrnehmung in den Mitgliedstaaten, die mit der Wirklichkeit nichts zu tun hat", genau so sagte es der Sprecher von Sozialkommissar László Andor am 9. März 2013 in Brüssel. Die Freizügigkeit von Arbeitskräften sei ein Mittel, um die gegenwärtige Krise zu überwinden und die EU-Kommission werde auf die Einhaltung dieses Grundrechts achten.[107]

„Mit der Wirklichkeit nichts zu tun"? In Deutschland verzeichnete man allein 2012 bereits mehr als 170.000 Einwanderer aus Bulgarien und Rumänien – ein großer Teil von ihnen Sinti und Roma. Schon 2011 waren es rund 95.000. Sie konzentrierten sich schon zu dieser Zeit unübersehbar auf die großen Städte, deren damit verbundene Probleme ebenfalls unübersehbar wuchsen.

Nein – der Ball rollt erkennbar zurück in das Feld der EU! Wer hat entschieden, Länder in die europäische Union aufzunehmen, die bei derart wichtigen gesellschaftspolitischen Rahmenstrukturen

---

107 Zitiert nach Deutsche Mittelstands Nachrichten vom 10.03.2013

grundlegende Defizite aufweisen? Wer Europas Grenzen in dieser handwerklich ungenügenden Verfahrensweise beseitigt, schafft gerade nicht mehr Akzeptanz gegenüber der europäischen Idee.

Tatsächlich wurde an diesem Morgen wieder einmal jene abgehobene Methode augenfällig, mit der man uns seit Jahrzehnten ruhig stellt: Die Administrationen befördern durch Wegschauen, durch Passivität und Konzeptionslosigkeit nichts anderes als die undifferenzierte Einwanderung. Beitrittsverträge werden oberflächlich verhandelt, Problemfelder systematisch verdrängt oder ignoriert. Wenn dann das Kind im Brunnen liegt, wird schöngeredet und schöngefärbt. Kritiker werden mit der großen Keule der „Europafeindlichkeit" bedroht oder – noch verheerender – der „Fremdenfeindlichkeit" bezichtigt und mit der noch größeren Keule der Politischen Korrektheit mundtot gemacht.

1. Flüchtlinge, Asylbewerber, Migranten

Wir schreiben den 20. Juni 2014. Weltflüchtlingstag. Das UNO-Flüchtlingskommissariat UNHCR legt in Genf seine alljährlichen Zahlen vor. Es sind alarmierende Zahlen: Mehr als 50 Millionen

Menschen sind weltweit auf der Flucht! Das – so die UNO – sei „der höchste Wert seit dem Zweiten Weltkrieg".

Konkret seien über 51,2 Millionen Menschen auf der Flucht gewesen – sechs Millionen mehr als ein Jahr zuvor. Der massive Anstieg der Flüchtlingszahlen – 2012 zählte man rund 45 Millionen – gehe hauptsächlich auf den Krieg in Syrien zurück. 2,5 Millionen Menschen seien durch ihn zu Flüchtlingen geworden, 6,5 Millionen zu Binnenvertriebenen. Flucht und Vertreibung hätten im vergangenen Jahr auch in Afrika erheblich zugenommen – vor allem in Zentralafrika und gegen Ende 2013 auch im Südsudan. Man beachte: Der Irak-Konflikt des Jahres 2014 fällt noch nicht in den Erhebungszeitraum.

Die Angaben zu Flucht und Vertreibung im Bericht Global Trends beziehen sich auf die drei Gruppen
- Flüchtlinge,
- Asylsuchende und
- Binnenvertriebene.

1. Die Zahl der Flüchtlinge, die im Ausland Schutz vor Gewalt und Verfolgung suchten, lag laut dem Hilfswerk Ende 2013 bei knapp 17 Millionen

Menschen. Die Ursprungsländer der größten Flüchtlingsgruppen waren Ende 2013:

- Afghanistan mit 2,6 Millionen,
- Syrien mit 2,5 Millionen und
- Somalia mit 1,1 Millionen.

Das größte Aufnahmeland war mit Abstand Pakistan mit 1,6 Millionen Flüchtlingen, gefolgt vom Iran mit rund 860.000 Flüchtlingen. Die größten Lasten gemessen an den Bevölkerungszahlen trägt aber ein Nachbarland Syriens: Im Libanon war nahezu jeder fünfte Einwohner ein UNHCR-registrierter Flüchtling. Auf 1.000 Einwohner kamen 178 Schutzsuchende.

2. Innerhalb ihres Heimatlandes waren laut UNHCR im vergangenen Jahr 33,3 Millionen auf der Flucht – dies sei, so der Bericht, eine „Rekordzahl". Viele der Binnenflüchtlinge lebten in Konfliktzonen, wo die Versorgung mit Hilfsgütern schwierig sei und wo es nicht die international gültigen Schutznormen für Flüchtlinge gebe.

3. Als dritte Gruppe der Menschen auf der Flucht führt das UNHCR die Asylbewerber an. Im Jahr 2013 baten weltweit 1,1 Millionen in anderen Ländern um Asyl. Darunter waren mehr als

25.000 Kinder, die getrennt von ihren Eltern in einem fremden Land Schutz suchten. Die mit großem Abstand meisten Asylanträge verzeichnen die Industriestaaten – und hier, weltweit auf dem ersten Rang Deutschland. Allein 2013 waren es hierzulande 110.000, und in den ersten sechs Monaten des Jahres 2014 zählte man bereits rund 80.000 neue Anträge.

Asylbewerber

In Deutschland steigen die Asylbewerberzahlen signifikant. Dennoch bearbeitet das Bundesamt für Migration und Flüchtlinge (BAMF) jeden Antrag individuell. Die Bewerber müssen schildern, wie und warum sie verfolgt werden. Anhand von Länderdossiers beurteilt das BAMF dann, ob ein *Bewerber asylberechtigt* ist, ob er den Flüchtlingsstatus erhält oder ob ihm beides verweigert wird. Bis die Entscheidung gefällt ist, dürfen die Menschen nur in Heimen wohnen und in ihrem ersten Jahr in Deutschland nicht arbeiten. Bis ein Antrag genehmigt oder abgelehnt ist, vergehen in der Regel zwischen sechs Monaten und zwei Jahren.

Asylberechtigte

Das Asylrecht, geregelt in Artikel 16a des Grundgesetzes, gewährt allen Menschen Schutz, die politisch verfolgt, also von ihrem Staat wegen ihrer politischen Überzeugung so stark ausgegrenzt werden, dass ihre Menschenwürde verletzt ist. Die Flucht nach Deutschland muss genau darin ihren Grund haben.

Fehlen diese Merkmale, kommt die Gewährung von Asyl nicht in Betracht. Solche Fälle werden jedoch in der Regel vom Flüchtlingsbegriff erfasst. Asyl kann auch nicht in Anspruch nehmen, wer aus einem sicheren *Herkunftsstaat* zu uns reist, oder wer auf seinem Weg nach Deutschland durch ein sicheres *Drittland*, beispielsweise durch Österreich, kommt. Wer die Einreise ohne Berührung mit einem sicheren Drittstaat nicht nachweisen kann, ist ebenfalls nicht asylberechtigt und darf nicht in Deutschland bleiben.

Allgemeine Notsituationen wie Armut oder Bürgerkrieg berechtigen nicht zu Asyl.

Wird ihr Asylantrag genehmigt, so können Asylberechtigte aus den Heimen ausziehen und auch arbeiten. Zum 31.12.2012 zählte man in Deutschland 40.690 Personen mit einer Asylberechtigung. Zu 90,8 Prozent ist ihr Aufenthaltsrecht überraschender Weise unbefristet. Warum, so mag man fragen, dürfen sie bleiben, auch wenn sich die Situation im Heimatland entspannt hat oder die Gefahr einer Verfolgung gebannt ist? Wer sich dafür interessiert, woher diese Menschen stammen, erlebt Überraschendes: Mit 15.202 Asylberechtigten stammt der Löwenanteil aus der Türkei, jenem EU-Beitrittskandidaten, gefolgt von 5.987 Iranern und 2.585 Afghanen.

Geduldete Asylbewerber

Wer keine Aufenthaltserlaubnis bekommt, wem also kein Asyl gewährt wird, der muss das Land wieder verlassen. Ihm droht die Abschiebung. Kann jemand aber gerade nicht abgeschoben werden, weil er beispielsweise keinen Pass hat oder krank ist, darf er vorläufig bleiben und wohnt weiterhin im Asylbewerberheim. Er erhält vom Bundesamt eine Duldung. Dies gilt auch für Minderjährige, die ohne Erwachsene auf der Flucht sind. Geduldete Asylbewerber dürfen nach einem Jahr Wartezeit arbeiten, allerdings nur mit Genehmigung der Arbeitsagentur. In Deutschland leben – Stand 2012 – rund 90.000 Geduldete, viele schon jahrelang.

Flüchtlinge

Eine international gültige Rechtsgrundlage zum Schutz von Flüchtlingen strebte schon der Völkerbund an. Aber erst den Vereinten Nationen gelang es, am 28. Juli 1951 in Genf eine Konvention zu verabschieden, die bis heute als das wichtigste internationale Dokument für den Flüchtlingsschutz gilt. Dieses „Abkommen über die Rechtsstellung der Flüchtlinge" stellt klar, wer „Flüchtling" ist, welchen rechtlichen Schutz, welche Hilfe und welche sozialen Rechte sie oder er von den Unterzeichnerstaaten erhalten sollte. Aber es definiert auch die Pflichten, die ein Flüchtling dem Gastland gegenüber zu erfüllen hat und schließt bestimmte Gruppen – wie z. B. Kriegsverbrecher – vom Flüchtlingsstatus aus.

Die Genfer Flüchtlingskonvention sollte zunächst europäische Flüchtlinge unmittelbar nach dem Zweiten Weltkrieg schützen. Um den geänderten Bedingungen von Flüchtlingen weltweit gerecht zu werden, hat man den Wirkungsbereich der Konvention mit dem Protokoll von 1967 zeitlich wie geografisch erweitert. Insgesamt 147 Staaten sind bis heute der Genfer Flüchtlingskonvention und/oder dem Protokoll von 1967 beigetreten.

Als *Flüchtlinge* werden nicht nur politisch Verfolgte anerkannt, sondern auch Menschen, denen wegen ihrer Rasse, Religion oder Zugehörigkeit zu einer bestimmten sozialen Gruppe in ihrem Heimatland Gefahr droht. Anders als bei Asylberechtigten muss diese Gefahr nicht vom Staat ausgehen, sondern kann auch von Parteien oder Organisationen stammen. Auch die Einreise über ein Drittland ist kein Problem. Wird jemand in Deutschland als Flüchtling aufgenommen, hat er sofort die Erlaubnis zu arbeiten. Früher erhielten Asylberechtigte eine unbefristete Aufenthaltserlaubnis, Flüchtlinge nur eine befristete. Mittlerweile sind die Regelungen quasi identisch.

Zum 31.12.2012 waren in Deutschland 74.570 nach der Genfer Flüchtlingskonvention anerkannte Flüchtlinge erfasst. Der größte Teil von ihnen – 33.107 Personen – stammt aus dem Irak, gefolgt von 7.871 Iranern und – prominent an dritter Stelle, man höre und staune – 6.773 Türken. Erst danach folgen Afghanen (4.552 Flüchtlinge) und Syrer (4.419 Flüchtlinge). Wie fair und großzügig man mit den bei uns aufgenommenen Flüchtlingen umgeht, spiegelt sich darin, dass 57,7 Prozent von ihnen eine unbefristete, 39,8 Prozent eine befristete Aufenthaltserlaubnis erhielten.

Wie exzessiv sie zudem von der Freizügigkeit profitieren, lässt sich mühelos daraus ablesen, dass der ganz überwiegende Teil dieser Flüchtlinge – 59.954 – sich in nur fünf Bundesländern versammelt hat. Nämlich

– 22.761 in Nordrhein-Westfalen
– 12.920 in Bayern

- 8.645 in Niedersachsen
- 8.059 in Baden-Württemberg und
- 7.569 in Hessen.

Wobei man durchaus auch in Brandenburg oder Thüringen gesichert leben könnte, was aber nur 290 bzw. 410 der Verfolgten ausprobieren mögen.

Subsidiärer Schutz

Für diejenigen, die weder als Flüchtling anerkannt werden noch Asyl erhalten, gibt es die Möglichkeit des subsidiären (vorübergehenden) Schutzes. Dieser Aufenthaltsstaus wird Menschen gewährt, denen im Heimatland Folter, Todesstrafe oder große Gefahr durch einen bewaffneten Konflikt drohen. Dann gilt ein Abschiebungsverbot. Der Betroffene, obwohl weder Flüchtling noch asylberechtigt, darf dennoch eine Zeit lang in Deutschland bleiben.

Um arbeiten zu dürfen, braucht er eine Genehmigung der Arbeitsagentur, genau wie bei einer Duldung.

Beendigung des Aufenthalts

Abschiebung

Dem Instrument der „*Abschiebung*" mutet – zugegeben – etwas Martialisches an. Es handelt sich aber um ein gesetzlich geregeltes und weltweit angewandtes Verfahren. Bezogen auf die immens steigenden Asylbewerberzahlen sind die Fälle von Abschiebungen de facto marginal. 2012 wurden 7.651 Personen aus Deutschland abgeschoben zumeist auf dem Luftweg. Mit 1.363 Personen rangiert Serbien als Zielland der Abschiebungen mit Abstand auf Platz eins, gefolgt von Italien mit 552 und Mazedonien mit 450 Abschiebungen.

Ein Unterfall der Abschiebung ist die „Überstellung" in ein anderes Mitgliedsland der Europäischen Union. Denn nach EU-Recht hat jeweils der Staat das Asylverfahren durchzuführen, das der Betroffene innerhalb der Union zuerst betreten hat. 2012 verzeichnete das Bundesinnenministerium 3.037 Überstellungen, etwa nach Italien, Polen, Belgien oder Frankreich. Die Überstellten stammten vorrangig aus Afghanistan (311 Personen), Russland (257 Personen), Georgien (254 Personen) oder Serbien (180 Personen).[108]

---

108 Antwort der Bundesregierung auf die kleine Anfrage der Abgeordneten Ulla Jepke pp., BT-Drucksache 17/12442 vom 22.03.2013

Zurückschiebung und Zurückweisung

Schließlich kam es 2012 an deutschen Flughäfen immerhin zu 3.814 „Zurückweisungen" und zu 933 *„Zurückschiebungen"*. 568 Personen wurden nach Russland, 504 in die Türkei und 192 nach Serbien zurückgewiesen. Mit 180 Personen nahm China als Zielstaat der Zurückweisungen auf dem Luftweg den bemerkenswerten 6. Rang ein.

Die **Zurückweisung** beschränkt sich grundsätzlich auf die Verweigerung der Einreise in das Bundesgebiet unmittelbar an der Grenze oder Grenzübergangsstelle. Im Vorfeld der Einreise sollen die Grenzbehörden verhindern, dass der betroffene Ausländer ohne Pass- oder Passersatz, ohne einen erforderlichen Aufenthaltstitel wie etwa ein Visum oder entgegen materiell-rechtlichen Bestimmungen aus subjektiven Beweggründen illegal in unser Land einreist.

Personen, die bereits unerlaubt eingereist sind, können innerhalb von sechs Monaten nach Grenzüberitt zurückgeschoben werden. Die Zurückschiebung ist also wie die Ausweisung eine aufenthaltsbeendende Zwangsmaßnahme nach dem Aufenthaltsgesetz.

Ausweisung

Im Unterschied zur Abschiebung, eine Vollzugs-
maßnahme, mit der die Behörde den Aufenthalt eines Ausländers beendet und ihn zwangsweise außer
Landes bringt, wird mit der Ausweisung ein etwai-
ges Aufenthaltsrecht entzogen und ein Wiedereinreiseverbot statuiert. Abschiebungen müssen aber
nicht unbedingt auf einer Ausweisung beruhen.

Die Gründe für eine Ausweisung von Ausländern
sind im Aufenthaltsgesetz abschließend geregelt.
Die Ausweisung hat in erster Linie das Ziel, eine vom
Betroffenen ausgehende Gefahr für die öffentliche
Sicherheit und Ordnung oder für sonstige erhebliche
Interessen der Bundesrepublik Deutschland abzu-
wehren – man denke etwa an Rauschgiftdelikte, an
illegale Einschleusungen, Menschenhandel, Terror-
anschläge, Gewalt-, Sexual-, Waffen-, Trunkenheits-
und Vermögensdelikte. Wer Hass auf Menschen anderer Religionen oder anderer ethnischer Gruppen
schürt, einen anderen Menschen gewaltsam davon
abhält, am Leben in Deutschland teilzunehmen oder
jemanden dazu zwingt, gegen seinen Willen zu hei-
raten, stellt ebenfalls eine Gefahr für die öffentliche
Sicherheit und Ordnung dar.[109]

---

109 Die Ausweisetatbestände finden sich in den Paragraphen
    53, 54 und 55 des Aufenthaltsgesetzes

Reaktionen auf Massenfluchtbewegungen

Es steht außer Zweifel, dass Personen, die im Zuge eines Krieges oder Konflikts verfolgt werden oder von Verfolgung bedroht sind, grundsätzlich als Flüchtlinge im Sinne der Genfer Konvention von 1951 und des Protokolls von 1967 angesehen werden sollten. Im Fall eines Massenzustroms von Flüchtlingen kann es sich aber als schwierig erweisen, jeden einzelnen Antrag akribisch nach den in der Konvention und im Protokoll festgelegten Verfahren zu prüfen. Deshalb hat sich die Praxis herausgebildet, bei großen Flüchtlingswellen, die die Annahme nahelegen, dass die einzelnen Mitglieder der Gruppe als Flüchtlinge anzusehen sind, eine sogenannte Prima-facie- oder Gruppenstatusfeststellung durchzuführen.

In Deutschland wurde 2013 insgesamt 10.915 Personen die Rechtsstellung eines Flüchtlings nach der Genfer Flüchtlingskonvention zuerkannt. Darunter waren 919 Personen (1,1 Prozent), die als Asylberechtigte nach Artikel 16a des Grundgesetzes anerkannt wurden, sowie 9.996 Personen (12,4 Prozent), die Flüchtlingsschutz erhielten.

Hauptherkunftsländer

Bei entsprechender Aufschlüsselung nach Hauptherkunftsländern ergibt sich für 2013 – in Prozent – folgendes Bild:

	Flüchtlings-anerkennungen	davon	
		asyl-berechtigt	Flüchtlings-schutz
Gesamt	13,5	1,1	12,4
1. Serbien	0,0	0,0	0,0
2. Russ. Föderation	1,3	0,2	1,1
3. Syrien	31,5	3,7	27,8
4. Mazedonien	0,1	0,0	0,1
5. Afghanistan	21,0	0,9	20,1
6. Bosnien-Herzegowina	0,0	0,0	0,0
7. Kosovo	0,0	0,0	0,0
8. Iran	52,8	7,5	45,3
9. Pakistan	32,9	1,2	31,7
10. Irak	50,2	0,2	50,0

Darüber hinaus hat das Bundesamt für Migration und Flüchtlinge von Januar bis Dezember 2013 bei 9.213 Personen (11,4 Prozent) Abschiebungs-verbote, also den sogenannten subsidiären Schutz, gewährt, weil im Herkunftsland die Todesstrafe, die Folter oder eine unmenschliche oder erniedrigende Behandlung oder Bestrafung oder eine erhebliche Gefahr für Leib, Leben oder persönliche Freiheit konkret droht. Dies ergibt bei entsprechender Aufschlüsselung nach Hauptherkunftsländern (in Prozent):

	Abschiebungsverbote
Gesamt	11,4
1. Serbien	0,2
2. Russ. Föderation	0,9
3. Syrien	62,8
4. Mazedonien	0,2
5. Afghanistan	26,9
6. Bosnien-Herzegowina	0,5
7. Kosovo	1,2
8. Iran	2,7
9. Pakistan	1,0
10. Irak	18,4

Das BAMF hat 2013 die Anträge von 31.145 Personen (38,5 Prozent) abgelehnt. Anderweitig erledigt, z. B. wegen Rücknahme des Asylantrages, wurden die Anträge von 29.705 Personen (36,7 Prozent). Die Zahl derer, über deren Anträge noch nicht entschieden wurde, betrug Ende Dezember 2013 95.743.

Und der Bundesinnenminister? Thomas de Maizière rief angesichts dieser weltweit steigenden Zahlen die Weltgemeinschaft zu mehr Hilfe auf. Und er fügte hinzu: Insbesondere die Mitgliedstaaten der Europäischen Union müssten sich stärker engagieren.

Europäische Union? Europa?

2. Flüchtlingspolitik der EU – Fehlanzeige?

In den Bergen von Marokko, dort oben, wo man es in der Ferne blinken sieht, das Mittelmeer, warten sie. In Felsnischen, in Höhlen, in Decken. Menschen aus Ghana, aus Uganda, aus Mali. Sie alle haben ein gemeinsames Ziel: Sie wollen die Grenzanlagen von Melilla überwinden und europäischen Boden erreichen. Sie wollen nach EUROPA!

Wir nennen diese Menschen „Flüchtlinge". Wovor flüchten sie? Vor den Lebensumständen in ihren Heimatländern? Vor der Armut? Vor Chaos? Vor Krieg?

Die Flüchtlinge suchen ein besseres Leben. Das ist legal. Aber gibt es auch ein Recht für sie alle, in Europa zu leben? Immer wieder ist er zu hören, der berechtigte Ruf nach Menschlichkeit. Oder gar nach den Menschenrechten.[110] Gibt es tatsächlich ein Menschenrecht, nach Europa kommen zu dürfen?

Europa, so wird mitunter gesagt, schirme sich ab. Müsse sich abschirmen, um seine Existenz, seinen Lebensstandard, seine Kultur und letztlich seine Identität zu behaupten. 435.000 Flüchtlinge sind allein im Jahr 2013 in die Länder der Europäischen Union geströmt. Man ahnt, dass hier ein Wall keine Dauerlösung sein kann, dass hier eine Zeitbombe tickt. Lauter und lauter. Oder man weiß es.

Nur – wo ist das Konzept? Wo zeigen sich schlüssige gesamteuropäische Ansätze, die über laues Schönfärben hinausweisen?

Natürlich werden Optionen diskutiert, die für diese Menschen mehr legale Möglichkeiten einer Einreise eröffnen könnten. So gibt es Überlegungen, mit gewissen jährlichen Einwanderungskontingenten den Zuwanderungsdruck aus ärmeren Regionen dieser Welt zu entschärfen. Manfred

---

110 So einzelne Stellungnahmen in der ARD-Sendung ttt am 22.06.2014, 23.20 Uhr

Schmidt, Leiter des Bundesamtes für Migration und Flüchtlinge in Nürnberg, hält dagegen: „Wir sollten uns nichts vormachen. Wenn wir statt 435.000 Flüchtlingen jetzt eine Million in der EU aufnehmen, oder auch zwei Millionen – die Menschen würden weiter fliehen, weil sie ihre Lebensverhältnisse ändern wollen."[111]

Auch der Ruf nach europäischer Solidarität hilft nicht weiter und thematisiert lediglich die Frage einer gerechten Verteilung der Flüchtlinge innerhalb der EU. Wer seine Flucht über das Meer plant – und die Menschen, die das tun, werden ständig mehr – kommt naturgemäß in den südlichen Mitgliedstaaten der EU an. Unbestritten stellen diese Flüchtlingsströme neben Griechenland vor allem Italien und Malta vor immense Herausforderungen. Aber sowohl in absoluten Zahlen als auch in der Relation zu Größe und Wirtschaftskraft des Ziellandes rangiert Deutschland mit 110.000 Schutzsuchenden im Jahr 2013 in der EU an vorderster Stelle – und weit vor Italien, wo im selben Zeitraum 28.000 Menschen um Schutz nachsuchten.

---

111 Manfred Schmidt am 15. Mai 2014 in der Schwarzkopf-Stiftung in Berlin zum Thema „Deutsche Asyl- und Flüchtlingspolitik in Europa"

„Und wie sollte ein gerechteres Verteilsystem in Europa aussehen?" – so fragt Manfred Schmidt nachdenklich: „Wer von diesen Millionen und Millionen Menschen sollte von solchen Regeln profitieren? Nach welchen Kriterien würde man sie auswählen, ohne dass Diskriminierungsvorwürfe programmiert wären?" Und er fügt hinzu: „Wer soll diese Menschen auswählen? Wer sollte entscheiden? Die Mitgliedstaaten? Der Flüchtling? Oder die EU-Kommission?"

De facto entscheiden die Flüchtlinge bereits in nicht unerheblichem Maße mit – wie die Zahlen belegen. Richtig ist: Viele Menschen wagen die riskante Reise in oft hoffnungslos überfüllten Booten über das Mittelmeer – und landen an den Küsten Südeuropas, namentlich auf der winzigen Insel Lampedusa, die zu Italien gehört. Aber sie bleiben dort nicht. Sie ziehen weiter. Viele gelangen später zu uns, in den Norden, bevorzugt auch nach Deutschland. „Wenn wir genau hinschauen", so Bundesinnenminister Thomas de Maizière am 8.7.2014 in den ARD-Tagesthemen, „konzentriert sich die Last nach einiger Zeit auf drei oder vier Staaten, darunter Deutschland."

An diesem Punkt entwickelt der innenpolitisch unbestritten befriedende Faktor des deutschen

Sozialsystems eine Eigendynamik – über die man aus Gründen politischer Korrektheit nur ungern spricht. Tatsächlich sind die von Mitgliedstaat zu Mitgliedstaat immens unterschiedlichen Sozialstandards in unserer EU von nicht zu unterschätzender Bedeutung für die Migrationsströme. Ein brisantes Beispiel aus jüngster Zeit war die Entscheidung des Bundesverfassungsgerichts, auch Asylbewerbern in etwa die erhöhten, für alle Hilfsbezieher im Land geltenden Sätze zu bezahlen.[112]

Sprunghaft schnellten daraufhin die Asylanträge aus dem Westbalkan in die Höhe. Im ersten Quartal 2013 verzeichnete man allein aus Serbien bereits mehr Anträge als im gesamten Jahr 2012. Im Jahr 2013 setzte sich dieser frappante Anstieg fort. Wohlgemerkt – wir sprechen über ein Land, dem auf dem EU-Gipfel am 1. März 2012 der Status eines EU-Beitrittskandidaten verliehen wurde. Und mit dem, ungeachtet Tausender wegen angeblicher politischer Verfolgung außer Landes eilender Asylbewerber, sturheil am 21. Januar 2014 tatsächlich Beitrittsverhandlungen aufgenommen wurden. Will man hier auf Biegen und Brechen die Erfahrungen mit Rumänien und Bulgarien erneut erleben?

---

112 Urteil vom 17.07.2012; Aktenzeichen 1 BvL 10/10 und 2/11

Schlepper sind offenbar deutlich cleverer als die Brüsseler Maschinerie. Und: Schlepper reagieren auf Attraktivitäten eines Ziellandes – nicht auf abstrakte europapolitische Etikette.

Ausgeprägt unterschiedlich – und ebenfalls unübersehbar attraktivitätsrelevant – sind auch die Anerkennungsquoten in den einzelnen EU-Staaten. Flüchtlinge aus Pakistan etwa werden in Frankreich zu 2,8 Prozent anerkannt – bei 1.860 Anträgen jährlich. In Deutschland liegt diese Quote bei 28 Prozent – bei 2.305 Anträgen im Jahr. Oder: 2011 hat Deutschland 5.000 irakische Christen aufgenommen und als „verfolgte Minderheit" anerkannt. In Schweden dagegen wurden diese Christen in den Irak „zurücküberstellt", also abgeschoben.

Fazit: Für Flüchtlinge elementar wichtige Bewertungen sind ebenso wie soziale Standards innerhalb unserer EU höchst unterschiedlich – und die Zugangszahlen spiegeln sich in diesen Parametern. „In pluribus unitis"? „Eine europäische Flüchtlingspolitik aus einem Guss? Nicht in Sicht!" – so resümiert ein Bericht der ARD am 8.7.2014.[113]

---

113 ARD Tagesthemen vom 8.7.2014, 22.39 Uhr

3. Die europäische Rechtslage

Der europäische Zusammenschluss war – neben dem Kernanliegen der Friedenssicherung auf unserem Kontinent – zunächst auf freien Handel und Wandel ausgerichtet. An so etwas wie eine europäische Zuwanderungs- oder Flüchtlingspolitik dachte niemand. Die Römischen Verträge von 1957 enthielten keinerlei Regelungen zu diesem Thema. Auch die Idee einer zumindest internen Freizügigkeit innerhalb der Mitgliedstaaten bezog sich zunächst nur auf Erwerbstätige, wurde jedoch Mitte der 70er-Jahre auf alle Bürger der damaligen Europäischen Gemeinschaft (EG), der Vorläuferin der EU, ausgedehnt.

„Schengen"

Ein Weckruf der besonderen Art bedeutete die Unterzeichnung eines Abkommens im beschaulichen luxemburgischen Städtchen Schengen am 14. Juli 1985. Die Regierungen der Benelux-Wirtschaftsunion, der Bundesrepublik Deutschland und Frankreichs vereinbarten nichts Geringeres als den vollständigen Wegfall der systematischen Personenkontrollen an ihren gegenseitigen Binnengrenzen – ein Quantensprung auf dem Weg in die Freizügigkeit auf unserem Kontinent.

Ein ergänzendes Durchführungsabkommen von 1990 wurde 1995 in sieben Staaten in Kraft gesetzt. Von nun an entfielen, aus damaliger Sicht kaum zu glauben, tatsächlich die Personenkontrollen an den gegenseitigen Binnengrenzen dieser Länder. Flugreisende wurden ab diesem Stichtag auf Flügen innerhalb dieser „Schengen-Staaten" nicht mehr kontrolliert und an den Inlandsterminals abgefertigt.

Eine gemeinsame Regelung zu Einreisen und Aufenthalte von Personen aus Nichtmitgliedstaaten, also aus sogenannten Drittstaaten, und die Kontrolle der Außengrenzen des Schengener Staatenverbundes wurde 1986 in der Einheitlichen Europäischen Akte (EEA) festgeschrieben.

Heute wenden 25 Staaten, neben 22 Mitgliedern der Europäischen Union auch die Nicht-EU-Länder Norwegen, Island und die Schweiz, das Schengener Regelwerk, diese erstaunliche Errungenschaft, an. Die Kehrseite der Medaille: Alle Schengen-Staaten, die Grenzen zu Nicht-Schengen-Staaten haben, stehen in der besonderen Verantwortung, diese „Außengrenzen" sorgfältig zu überwachen. Denn: Wer erst einmal in das Schengen-Gebiet gelangt ist, der genießt die goldene Freizügigkeit in allen Unterzeichnerstaaten. Ohne lästige Passkontrollen – aber eben auch ohne konkrete Risiken, etwa als „illegal" entdeckt zu werden.

Ausgleichsmaßnahmen

Natürlich soll und darf es angesichts offener Binnengrenzen nicht zu Defiziten für die innere Sicherheit der beteiligten Länder kommen. Die Öffnung der Binnengrenzen musste daher durch verstärkten Schutz der Außengrenzen des Schengen-Raumes ausgeglichen werden. Diesem Zweck dienen verschiedene sorgfältig ausgetüftelte Sicherheitsmaßnahmen:[114]

1. Ein international vernetztes elektronisches Fahndungssystem, das **Schengener Informationssystem** (SIS) erhebt Daten u. a. über
- Ausländer, denen die Einreise in das Schengen-Gebiet zu verweigern ist,
- Personen, die zur Festnahme mit dem Ziel der Auslieferung gesucht werden,
- vermisste oder hilflose Personen und gestohlene Fahrzeuge, Dokumente oder sonstiges Diebesgut.

---

114 Zitiert nach Hans Jörg Schrötter, Kleines Europalexikon, München 2010, S. 286 ff.

2. Die intensivierte Kontrolle der Außengrenzen einschließlich der Flug- und Seehäfen.

3. Vereinbarungen zur polizeilichen Zusammenarbeit zwischen den Schengen-Partnern. Beamte der nationalen Polizeibehörden dürfen strafverdächtige Personen auch auf dem Gebiet anderer Schengen-Staaten unter gewissen Auflagen observieren sowie flüchtige Verbrecher oder Tatverdächtige über die Grenzen in das Nachbarland hinein verfolgen ("Nacheile").

4. Die Verfahren der internationalen Rechtshöfe, insbesondere bei Auslieferungen und Strafvollstreckungen wurden vereinfacht und damit beschleunigt.

5. Zu den Ausgleichsmaßnahmen gehört *last bat not least* als zentrales Element eine gemeinsame Visumpolitik der beteiligten Staaten. Ihr Kernstück ist das einheitliche Schengen-Visum. Visumsinhaber können sich während des Gültigkeitszeitraums, längstens jedoch für drei Monate pro Halbjahr, im Schengenraum aufhalten. Gemeinschaftlich geregelt ist vor allem, aus welchen Drittstaaten man visumsfrei – und aus welchen man nur mit einem Visum einreisen darf. Die europäische Visumpolitik gibt sich also eine gewisse Mühe, um illegaler Einwanderung vorzubeugen sowie einen Beitrag zur Sicherheit im Schengenraum zu leisten.

Europol

Es ist und bleibt faszinierend: Personen und Waren können heute vom Cabo Sao Vicente in Portugal bis nach Usedom in Vorpommern oder von Palermo auf Sizilien bis nach List auf Sylt gelangen, ohne ein einziges Mal kontrolliert zu werden. Und obwohl die Grenzen als Filter für Kriminelle wegfallen, werden die Belange der inneren Sicherheit durch ein bislang beispielloses Maß an grenzübergreifender Kooperation auf dem Gebiet der Verbrechensbekämpfung und der polizeilichen Zusammenarbeit berücksichtigt.

Welche Impulse das Schengener Abkommen für die wachsenden Freiheiten in Europa, aber auch für Integration und Zusammenarbeit geleistet hat, lässt sich exemplarisch an der neu entstandenen europäischen Polizeibehörde Europol belegen. Seit sie am 1. Januar 1999 in Den Haag ihre Arbeit in vollem Umfang aufgenommen hat, ist aus der Vision einer gemeinsamen grenzübergreifenden Kriminalitätsbekämpfung in Europa eine reale Perspektive geworden. Kernkompetenz von Europol, der keine eigenen exekutiven Befugnisse übertragen sind, ist der Aufbau eines Informations- und Analysesystems, das den nationalen Strafverfolgungsbehörden zentral gesammelte Informationen über Straftäter und internationale kriminelle Organisationen – man denke an etwa Schleuserringe – zur Verfügung stellt. Schleuserkriminalität und Menschenhandel sind Kriminalitätsbereiche, die von Anfang an der Zuständigkeit von Europol unterstellt worden sind.

4. Europäische Asylpolitik

Obwohl „Flüchtlinge" oder „Asylsuchende" in unserer heutigen Migrationsrealität kaum mehr auseinanderzuhalten sind und die Genfer Flüchtlingskonvention den Flüchtlingsbegriff weit fasst, empfiehlt es sich auf europäischer Ebene, die Entwicklungen in der Asylpolitik einerseits und in der Zuwanderungs- und Flüchtlingspolitik getrennt zu betrachten.

Wer sich darauf berufen kann, in seiner Heimat aus politischen Gründen verfolgt zu werden, kann in den Mitgliedstaaten der Europäischen Union um Asyl nachsuchen. Die Europäische Charta der Menschenrechte – seit 2009 ein einklagbarer Katalog der in europäischen Rechtstraditionen wurzelnden Menschenrechte – gewährt dieses Recht. Allerdings – und hier wird es wieder so recht „europäisch" – regelt jede Nation die Modalitäten einer Asylgewährung in seiner eige-

nen Rechtsordnung. Nicht nur formale Antrags-
kriterien, sondern vor allem die substantiellen,
materiellen Voraussetzungen oder – wohlgemerkt – die sozialen Absicherungen für Flüchtlinge ergeben sich ausschließlich aus dem jeweiligen nationalen Recht des Ziellandes. Unschwer
kann man sich vorstellen, dass die Attraktivität
unserer EU-Staaten als von Flüchtlingen jeweils
„auserwählte" Zufluchtsländer ganz erheblich
divergiert.

Das Problem wurde gesehen. Schon 1990 verstän-
digten sich die seinerzeit 15 Mitgliedstaaten in
Dublin zumindest auf dem Sektor formaler Ver-
fahrensfragen auf eine zunächst relativ effiziente
Regelung:

– Innerhalb der Europäischen Union sollen Asylverfahren nur noch in dem Mitgliedstaat durchgeführt werden, den der betreffende Asylbewerber zuerst betreten hat.

– Das Ergebnis des Verfahrens – also die Bewertung, ob die betreffende Person tatsächlich politisch verfolgt und damit schutzbedürftig ist,
  oder ob sie etwa aus wirtschaftlichen Motiven
  in die EU strebt – gilt sodann in allen anderen
  Mitgliedstaaten gleichermaßen.

Die offenen Grenzen innerhalb der EU sollen, so die Idee, nicht dazu führen, dass Einreisewillige in jedem EU-Staat erneute Asylverfahren einleiten und auf diese Weise Abschiebungen verzögern oder verhindern können.

Dieses **„Dubliner Übereinkommen"** trat erst Jahre später, am 1. September 1997, in Kraft. Inzwischen ist es durch die im März 2003 in Kraft getretene sogenannte Dublin-II-Verordnung ersetzt worden. Sie bestimmt, welches Land für die Prüfung eines in einem Unterzeichnerstaat gestellten Asylantrags zuständig ist.

Im Kern blieb es bei dem Grundgedanken, dass stets der Mitgliedstaat für die Durchführung des Asylverfahrens verantwortlich sein soll, der die Einreise veranlasst oder nicht verhindert hat. Stellt der Asylsuchende dennoch in einem anderen Mitgliedsstaat seinen Asylantrag, so wird dort kein Verfahren durchgeführt; vielmehr wird er in den zuständigen Staat „überstellt".

Staaten mit EU-Außengrenzen sind also an sorgfältigen Kontrollen interessiert, da sie mit etwaigen nachfolgenden Asylverfahren – und den damit verbundenen Kosten – belastet würden.

Seit 1. Januar 2014 kommt eine wiederum neue Verordnung[115], die sogenannte „Dublin-III-Verordnung", zur Anwendung. Sie erstreckt sich auf alle Formen des internationalen Schutzes, also auf Asylberechtigung, Flüchtlingseigenschaft sowie den subsidiären Schutz und regelt die Bestimmung des für das Asylverfahren zuständigen Mitgliedstaates – wobei bis heute die von Staat zu Staat inhaltlich sehr unterschiedlichen nationalen Verfahrens- und Aufnahmeregeln nach wie vor unberührt bleiben.

Um die Dublin-Regelungen zu flankieren und den höchst notwendigen Informationsaustausch zu gewährleisten, hat man 2003 ein europäisches automatisiertes Fingerabdruck-Identifizierungssystem – kurz: „Eurodac" – geschaffen. Eine Verordnung verpflichtet die Mitgliedstaaten der EU unmittelbar, von allen über 14 Jahre alten Asylbewerbern und unerlaubt eingereisten Ausländern Fingerabdrücke zu nehmen und zu speichern.

---

115 Verordnung (EU) Nr. 604/2013 des Europäischen Parlaments und des Rates vom 26. Juni 2013 zur Festlegung der Kriterien und Verfahren zur Bestimmung des Mitgliedstaats, der für die Prüfung eines von einem Drittstaatsangehörigen oder Staatenlosen in einem Mitgliedstaat gestellten Antrags auf internationalen Schutz zuständig ist (Neufassung)

Durch Vergleiche kann seither rasch geklärt werden, ob ein bestimmter Bewerber schon über ein anderes Mitgliedsland in das Gebiet der EU gelangt ist oder dort bereits Asyl beantragt hat.

„Dublin" – ineffektiv und für Deutschland nachteilig?

Die derzeitige europäische Regelung, wonach ein Flüchtling in dem EU-Land sein Asylverfahren durchlaufen muss, dessen Boden er zuerst betreten hat, wird zunehmend unterwandert – und dieses ganz offenbar vorrangig zu Ungunsten unseres Landes. Immer mehr Asylbewerber kommen aus EU-Randstaaten nach Deutschland.

Neue Zahlen legen nahe, dass das Dublin-System nicht mehr funktioniert. Denn 2013 ging die Bundesregierung bei jedem dritten Asylgesuch davon aus, dass ein anderer EU-Staat zuständig ist. Im vierten Quartal waren es sogar 51,9 Prozent aller Verfahren. Zum Vergleich: 2012 waren es nur 17,8 Prozent. Konkret heißt das: Immer mehr Flüchtlinge suchen – und finden – ihren Weg nach Deutschland, obwohl sie nach den Dublin-Vorgaben ihr Asylverfahren in ihrem Erstaufnahmeland durchlaufen müssten. Zugleich gelingt es seltener, die Dublin-Regeln auch durchzusetzen, das heißt, Asylsuchende werden immer seltener in die EU-Länder zurückgeschickt, über die sie eingereist sind. Folgten im Jahr 2012 den Dublin-Ersuchen noch 26,5 Prozent Überstellungen, sank der Anteil im Jahr 2013 auf 13,4 Prozent, wie die Bundesregierung auf eine Anfrage der Linksfraktion einräumte.[116]

In jüngster Zeit stellt sich also immer unübersehbarer heraus, dass das Dublin-Verfahren ineffektiv ist. Die festgestellte Zuständigkeit innerhalb der EU wird offenkundig nur in geringem Maß auch tatsächlich durchgesetzt. „Das liegt zum Teil an Gerichtsentscheidungen, mit denen Überstellungen aufgrund erheblicher Mängel der Aufnahme- und Asylsysteme in anderen EU-Ländern verhindert werden. Zum Teil tauchen Asylsuchende aus Angst vor einer Abschiebung in ein anderes EU-Land unter", so die innenpolitische Sprecherin der Fraktion Die Linke im Deutschen Bundestag, Ulla Jelpke.[117]

Zahlreiche EU-Länder scheinen das Regelwerk auch bewusst zu unterwandern, indem sie ihre Zuständigkeit für Flüchtlinge trotz der Nachweise wie Fingerabdruckvergleiche, Tickets oder den Aussagen der Betroffenen bestreiten und sich wei-

---

116 So die *Frankfurter Rundschau*, 6. März 2014
117 Zitiert nach *Frankfurter Rundschau* vom 6. März 2014

gern, die Flüchtlinge wieder aufzunehmen. Das geschah 2013 in etwa 16 Prozent aller Fälle.

Schon länger hört man auch die Kritik, die Prüfung der Dublin-Verfahren nehme unter dem Strich mehr Zeit in Anspruch als die Bearbeitung eines normalen Asylgesuchs. Statt die Schutzbedürftigkeit von Menschen zu überprüfen, würden verstärkt nur noch Reisewege oder Fingerabdruckvergleiche geprüft.

Das Problem verschärft sich 2014 erkennbar. Die Bundesregierung rechnet für 2014 mit einem Anstieg der Asylbewerber auf 140.000. Allein von Januar bis Juni 2014 zählte man die Rekordzahl von rund 80.000 neuen Asylbewerbern in Deutschland.

Und dann setzte der Bundesgerichtshof noch eins drauf. Am 23. Juli 2014 erklärte das oberste deutsche Zivilgericht weite Teile der deutschen Abschiebehaftpraxis für unzulässig. Erst eine Woche zuvor hatte der Europäische Gerichtshof entschieden, dass Abschiebehäftlinge in Deutschland nicht mehr in normalen Strafvollzugsanstalten untergebracht werden dürfen. Nun weitete der BGH dies in seinem Beschluss noch aus: Auch generell sei eine Inhaftierung allein wegen

„Fluchtgefahr" nicht mehr zulässig – bisher der häufigste Grund für Abschiebehaft. Geklagt hatte ein Flüchtling aus Pakistan, der zunächst nach Ungarn eingereist war, sich dann aber nach Deutschland abgesetzt hatte. Hier nahm man ihn in Haft, um ihn den europäischen Vereinbarungen entsprechend in sein Erst-Einreiseland Ungarn abzuschieben. Seiner Beschwerde gaben die Richter nun statt – und werteten diese grundsätzlich: Eine Inhaftierung allein wegen einer geplanten Überstellung in einen anderen EU-Staat sei „ausgeschlossen". Nur eine konkret nachgewiesene „erhebliche Fluchtgefahr" rechtfertige dies. Was diese Haft begründe, müsse Deutschland aber in einem Gesetz festlegen und nicht, wie bisher, den jeweils zuständigen Richtern überlassen. Das Urteil gilt letztinstanzlich: Da sich die EU mit ihrer Dublin-Verordnung festgelegt habe, so der BGH, bedürfe es keiner Vorlage vor den EuGH.

Das Urteil bringt die Bundesregierung in die Bredouille. Die Dimension des BGH-Beschlusses ist erheblich: Von den derzeit knapp 100 Abschiebehäftlingen in Deutschland, Stand Juli 2014, sind die meisten Dublin-Fälle.[118]

---

118 Zitiert nach FFM-online, Forschungsstelle für Flucht und Migration, 23. Juli 2014

5. Zuwanderungspolitische Ansätze der Europäischen Union

Unvermindert hohe Migrations- und Flüchtlingsströme stellen zu Beginn des 21. Jahrhunderts die Europäische Union vor große politische Herausforderungen. Relativer Wohlstand und politische Stabilität vieler europäischer Länder entfalten erhebliche Anziehungskraft. Die Erfahrungen der zehn am 1. Mai 2004 neu beigetretenen, vorwiegend osteuropäischen EU-Staaten unterscheiden sich dabei grundlegend von denen der 15 bisherigen Länder: Die Neulinge verzeichnen einen millionenfachen Überhang an Auswanderungen. Die Bevölkerung der bisherigen EU-Staaten dagegen ist seit 1999 allein aufgrund von Wanderungsströmungen jährlich um etwa eine Millionen oder mehr Personen gewachsen.

Die Jahre seit 2006 sind dann geprägt von einem dramatisch anwachsenden Zuwanderungsdruck aus Schwarzafrika. Auf unsicheren, hoffnungslos überladenen Booten setzen sie von den Küsten Afrikas aus über nach Malta, Italien, Spanien. Die Hilferufe der südlichen EU-Länder wurden unüberhörbar. Dort sah – und sieht – man die unhaltbare Entwicklung als ein Problem der EU insgesamt an.

Am 19. Juli 2006 reagierte die Europäische Kommission. Zur Bekämpfung illegaler Einwanderung dieser Dimension schlug sie ein Maßnahmebündel vor, das u. a. zielt

– auf eine gemeinsame Visumpolitik der EU-Staaten, damit Visa zur legalen Einreise künftig nach einheitlichen Regeln erteilt werden können,
– auf den Aufbau mobiler Grenzschutz-Teams, die überall dort zum Einsatz kommen sollen, wo sich EU-Staaten mit einer Flut von illegalen Einwanderern konfrontiert sehen, und
– auf den koordinierten Kampf gegen illegale Beschäftigung und Schwarzarbeit, also auf konsequente Sanktionen gegen Arbeitgeber, die illegal eingewanderte Angehörige aus Nicht-EU-Staaten beschäftigen.

Damit wurden erste Konturen einer europäischen Zuwanderungspolitik sichtbar.

Am 19. Dezember 2008 verabschiedeten der Rat der EU und das Europäische Parlament einen Richtlinienvorschlag der EU-Kommission zur Rückführung illegaler Zuwanderer.[119] Die Regelung

---

119 Richtlinie 2008/115/EG

strebt auf diesem Sektor gemeinsame Normen und Verfahren in den Mitgliedstaaten an. Im Kern werden einerseits die konsequente Abschiebung und andererseits humanitäre Mindestrechte für illegale Migranten – etwa bei der ärztlichen Versorgung – festgeschrieben. Erstmals wird hier auch ein europäisches Wiedereinreiseverbot formuliert; Illegale, die aus einem EU-Land bereits abgeschoben wurden, sollen nicht anschließend ein Einreisevisum für ein anderes EU-Land beantragen können.

Migrationspakt

Kurz zuvor, am 16. Oktober 2008, hatten die Staats- und Regierungschefs der EU in Brüssel den „Europäischen Pakt zu Einwanderung und Asyl" – kurz: Migrationspakt – verabschiedet. Er bündelt bereits gefasste Beschlüsse übersichtlich. Alle Regierungen erklären ihre Bereitschaft, künftig in den Bereichen Arbeitsmigration, Asyl und Abschiebung effizienter zu kooperieren:

– Bei der Rücksendung illegaler Einwanderer will die EU konsequenter sein,
– aber auch enger mit den Herkunftsländern zusammenarbeiten.
– Zugleich will sie die Kontrollen an den Außengrenzen der Union intensivieren.

- Illegale Migration soll bekämpft,
- legale Migration gesteuert werden, wobei die Bedürfnisse und Aufnahmekapazitäten jedes Mitgliedstaates zu berücksichtigen sind.

Die zentral wichtige Botschaft des Paktes dürfte sein, dass nach jahrelangem Zögern die Regierungen der EU-Staaten den Willen bekundet haben, auf diesem schwierigen Terrain voranzukommen. Der Pakt ist allerdings rechtlich nicht bindend. Verantwortlich für die konkrete Migrationspolitik bleiben auch künftig die Nationalstaaten.

Rückführungsabkommen

Eine effektive Rückführung ausreisepflichtiger Ausländer aus Drittstaaten gilt als wichtige Komponente bei der Steuerung der Migrationsbewegungen auf EU-Ebene. Neben zahlreichen anderen Initiativen hat die EU daher mit einer Reihe von Staaten, aus denen viele Zuwanderer stammen, Rückübernahmeabkommen geschlossen. Die Vertragsparteien verpflichten sich zur Rückübernahme ihrer Staatsangehörigen sowie – unter bestimmten Bedingungen – von Drittstaatsangehörigen und Staatenlosen. Sie enthalten zudem prozedurale und technische Kriterien für die Rückübernahme.
Die Verhandlungen, die vorausgehen, sind in aller

Regel überaus zeitaufwändig und kompliziert. Kurzum: Jedem Abkommen dieser Art geht ein zähes Ringen voraus. Zwar wird die EU von Drittstaaten als gewichtiger Verhandlungspartner wahr- und ernst genommen. Dennoch – die Hürden, die man der EU zu setzen versucht, erinnern nicht selten an Pokerspiele. Viele Drittstaaten machen Rückübernahmezusagen nur allzu gern von Liberalisierungen auf dem Sektor der Visa-Erteilungen abhängig. Auch wünscht man neue Spielräume bei den Migrationsmöglichkeiten der eigenen Staatsangehörigen. Große Vorbehalte haben die Verhandlungspartner auch gegenüber Klauseln, die vorsehen, dass durchgereiste Drittstaatsangehörige und Staatenlose oder auch eigene Staatsangehörige, die vor Inkrafttreten des EU-Rückübernahmeabkommens bereits rückreisepflichtig waren, zurückgenommen werden müssen.

Auf Grundlage des Vertrags von Lissabon muss seit 2009 das Europäische Parlament diesen Abkommen regelmäßig zustimmen.

EU-Rückübernahmeabkommen gibt es inzwischen u. a. mit Albanien (seit 01.05.2006), Bosnien und Herzegowina (seit 01.01.2008), Georgien (seit 01.03.2011), Hongkong (seit 01.03.2004), Macau (seit 01.06.2004), Mazedonien (seit 01.01.2008),

Moldawien (seit 01.01.2008), Montenegro (seit 01.01.2008), Pakistan (seit 01.12.2010), der Russischen Föderation (seit 01.06.2007), Serbien (seit 01.01.2008), Sri Lanka (seit 01.05.2005) sowie mit der Ukraine (seit 01.01.2008). Ein Vertrag mit Kasachstan wurde am 10.12.2009 abgeschlossen. Mit weiteren Ländern, namentlich mit Libyen, von dessen Küsten ein beträchtlicher Teil der in Südeuropa strandenden Bootsflüchtlinge aufbricht, wird immer noch verhandelt. Die Kommission verfügt über offene Mandate für Verhandlungen mit Algerien, China, Marokko, Kap Verde und Weißrussland.

Die **Bundesrepublik Deutschland** hat davon unabhängig mit verschiedenen Drittstaaten bilaterale Rückübernahmeabkommen abgeschlossen, so u. a. mit Albanien (seit 01.08.2003), Algerien (seit 12.05.2006), Armenien (seit 01.01.2008), Bosnien und Herzegowina (seit 14.01.1997), Georgien (seit 01.01.2008), Hongkong (seit 17.02.2001) oder dem Kosovo (seit 01.09.2010). Die Abkommen der EU haben Vorrang vor bilateralen Abkommen.

6. Flucht ins Paradies

Der Park am Aksaray-Platz ist eine kleine bunte Oase im Herzen von Istanbul. Hier, wo tagsüber das Alltagsgeschehen wogt und die Welt heil und in Ordnung scheint, blinken nachts Neon-Streifen über Restaurants und Kneipen. Dann wird dieser Platz, an dem in dunklen Ecken Dealer ihre Drogen verkaufen, zum Dreh- und Angelpunkt einer milliardenschweren Schattenindustrie. Hier blüht der Menschenschmuggel. Hier finden oder treffen sich Flüchtlinge und Schlepper. Die Polizei weiß Bescheid, zeigt sich aber nur selten an diesem Ort, der bis weit hinein nach Syrien und den nahen Osten, nach Afrika und Afghanistan bekannt ist. Von dort kommen die Flüchtlinge.

Über die Türkei versuchen sie es. Dort stranden sie erst einmal. Bleiben aber können sie dort nicht. Es gibt keine Arbeit für sie, und die Auffanglager sind überfüllt. Aber sie wollen ja auch gar nicht bleiben. Nach Europa wollen sie, nach Italien, England und – vor allem – nach Deutschland.[120] Von der Türkei aus ist es schließlich nur noch ein Katzensprung hinüber in das „gelobte Land" – nach Europa.

Drei Hauptrouten stehen zur Wahl:
– der Weg über die Landgrenze nach Bulgarien,

---

120 „Der König von Aksaray" in: WELT am Sonntag vom 27.7.2014, S. 14

– der Sprung über das Mittelmeer, verlockend dank einer löcherigen, an unübersichtlichen Küsten unendlich vieler Inseln kaum zu kontrollierenden Grenze oder
– der berühmt-berüchtigte Weg über die türkisch-griechische Landgrenze.

Über diese Wege sind allein 2013 insgesamt 24.799 Flüchtlinge in die Europäische Union gelangt – 20.230 aus Syrien, 17.892 aus Afrika und 8.452 aus Afghanistan.

Auf der Hitliste ganz oben rangiert bei Schleusern und Geschleusten der Landweg nach Hellas. 206 Kilometer ist die griechisch-türkische Grenze lang. Größtenteils folgt sie dem Verlauf des Flusses Evros. Aber bei der nordgriechischen Stadt Orestiada fließt der Evros in einer weiten Biegung nach Osten, auf die türkische Stadt Edirne zu, bevor sie wieder nach Westen zurückkehrt. Dazwischen verläuft die Grenze 12,5 Kilometer über Land. „Das ist die neuralgische Stelle", sagt ein Grenzpolizist, der von einer Anhöhe aus mit einem Feldstecher die Grenze beobachtet. „Hier kamen sie rüber, das war ihr Tor nach Europa." In manchen Nächten waren es Hunderte. „Im Herbst 2010 kamen Nacht für Nacht ganze Reisegruppen illegal über die Grenze."

Tatsächlich entwickelte die Situation eine Dramatik, die man in ganz Europa mit Stirnrunzeln quittierte. Rund 47.000 illegale Migranten wurden 2010 an der türkischen Grenze aufgegriffen, fünfmal mehr als 2009. Wie viele aber – sozusagen zusätzlich – nach Europa gelangten, weiß niemand. Sicher ist nur – wer es auf griechischen Boden geschafft hat, der ist erst einmal „angekommen". Angekommen im „Schengen-Raum", diesem legendären Paradies der Freizügigkeit ohne Binnengrenzen, in dem man unbeschwert vom Nordkap bis nach Gibraltar und von La Rochelle bis Riga reisen kann, ohne an den Staatsgrenzen ein einziges Mal nach Papieren, Pässen, Ausweisen gefragt zu werden.

Im Oktober 2010 teilte EU-Innenkommissarin Cecilia Malmström mit, dass bis zu 90 Prozent der illegalen Einwanderer die EU über Griechenland erreichen. Mit ihrer langen Küstenlinie und den zahlreichen Inseln sei die griechische Grenze schwer zu kontrollieren. Dennoch – die meisten von ihnen kamen über die Landgrenze aus dem Nachbarland: der Türkei.

Heute steht an dieser Landgrenze ein monströses Sperrwerk. Mehr als zehn Kilometer zieht es sich entlang der Grenze durch die weite Ebene – dort wo die Türkei endet und Griechenland anfängt. Stahlpfosten, Maschendraht, dahinter Stacheldrahtrollen aus Nato-Draht, in den messerscharfe Klingen eingestanzt sind. Dann wieder ein Stahlgerüst und Maschendraht. Drei Meter hoch und 1,20 Meter breit ist das Bollwerk. Der silberne Metallzaun glänzt, die scharfen Klingen des Stacheldrahtes glitzern gefährlich in der Sonne. Infrarot- und Wärmebildkameras sorgen tagsüber wie nachts für eine lückenlose Überwachung.

Was ändert der Zaun? Schafft er die ungezählten Armutsflüchtlinge aus Ländern wie Afghanistan oder Pakistan, aus Somalia oder dem Sudan oder zunehmend aus Nordafrika einfach ab? Wo bleiben diese leidgeprüften Menschen, von denen man allein von Oktober bis November 2011 dort am Evros noch fast 14.900 aufgegriffen hat? Und deren Zahl im Vergleichszeitraum 2012 auf 165 zurückging?

Nun erreichen die Zahlen der Bootsflüchtlinge bisher nicht vorstellbare Höhen. In der blauglitzernden Ägäis lassen sich keine Zäune errichten.

„Einfallstor Türkei"

Kein Land also war – und ist – für illegale Wanderungsströme in die EU so bedeutsam wie die Türkei. Allein 2011 gelangten nach Angaben der Regierung in Ankara 70.000 Menschen illegal über die Türkei nach Europa.

Verhandlungen über ein Rückführungsabkommen gerade mit diesem Partnerland waren also besonders dringlich. Schon im November 2002 nahm man sie auf. Die Fortschritte, die erzielt werden konnten, waren über Jahre eher kümmerlich. Doch schließlich, ein Jahrzehnt später, am 16. Dezember 2013, trifft man sich in Ankara. EU-Innenkommissarin Cecilia Malmström und der türkische Innenminister Muammer Güler unterzeichnen Seite an Seite für die EU ein Rückübernahmeabkommen mit der Türkei. Das Abkommen regelt die Rückführung von türkischen Staatsbürgern ohne Aufenthaltsgenehmigung in einem EU-Mitgliedstaat und umgekehrt. Darüber hinaus verpflichtet sich die Türkei generell zur Rücknahme illegaler Einwanderer, also von Bürgern anderer Länder ohne Aufenthaltsgenehmigung sowie von Staatenlosen. Für Asylbewerber gelten die Regeln nicht.

Im Gegenzug nimmt Brüssel mit der Türkei Gespräche über die Visumspflicht für türkische Staatsangehörige bei Reisen nach Europa auf. Ein von der EU-Kommission erstellter Fahrplan listet alle Anforderungen auf, die von der Türkei vor einer Visaliberalisierung erfüllt werden müssen. Nach Abschluss der Verhandlungen müssen noch Europäisches Parlament und die Mitgliedstaaten über die Visaliberalisierung abstimmen.

Der türkische Regierungschef Erdoğan spricht von einem „Meilenstein" und prophezeit, in drei bis dreieinhalb Jahren werde der Visumszwang für Türken fallen.

Fazit: Für Türken soll der Weg nach Europa künftig leichter werden, für Flüchtlinge aus Afrika und Asien deutlich schwerer.

In Griechenland, das mit dem massiven Flüchtlingsstrom aus dem Nachbarland seit Langem überfordert war und EU-Hilfe erhält, begrüßt man die Entwicklung: „Wir erwarten den schnellstmöglichen Abschluss der Verhandlungen, damit das Abkommen in die Tat umgesetzt wird und als zusätzlicher Faktor zur Abwendung der illegalen Migration wirkt", hieß es in einer Erklärung des Außenministeriums in Athen.
Die Erfahrungen in Griechenland mit solchen Abkommen sind nach Angaben des Ministeriums für Bürgerschutz allerdings eher durchwachsen: Ein bilaterales Rückführungsabkommen mit

Griechenland werde von der Türkei nur selten eingehalten. Mit „bürokratischen Ausreden" würden nur etwa zehn Prozent der Flüchtlinge zurückgenommen, heißt es immer wieder in Athen.

„FRONTEX"

Die Gründung der **„Europäischen Agentur für die operative Zusammenarbeit an den Außengrenzen"** im Jahr 2004 – kurz: „Frontex" – ist eine Konsequenz aus dem Schengener Abkommen, das 1995 in Kraft trat. Rasch erkannte man, welche Bedeutung einer sorgfältigen Absicherung der Außengrenzen des Schengen-Raumes nun zukam. Frontex' Auftrag lautete dementsprechend, die Mitgliedstaaten darin zu unterstützen, diese Außengrenzen vor „illegalen Aktivitäten" wie Schlepperei, Drogenhandel oder illegaler Migration zu schützen. Dafür stellen EU-Kommission, Europäisches Parlament und die Mitgliedstaaten der Agentur mehrere Millionen Euro jährlich zur Verfügung, aktuell sind es etwa 85 Millionen Euro. Sitz der Agentur ist Warschau.

Im Mai 2005 begannen die Frontex-Mitarbeiter ihre Arbeit: Sie erstellen regelmäßig Berichte über Flüchtlingsrouten und illegale Migration an den Grenzen Europas, entwickeln Trainingsstandards für EU-Grenzbeamte und sammeln Daten von Migranten, um diese Informationen mit anderen EU-Organisationen und den Mitgliedstaaten auszutauschen.

Bittet ein Mitgliedstaat Frontex um Unterstützung, laufen alle Fäden in einem hochmodernen Kommunikationszentrum in Warschau zusammen: Die Agentur plant und entscheidet, wie viele Beamte bereitgestellt werden sollen, koordiniert die Einsätze und schreibt Berichte. Die Mitgliedstaaten wiederum stellen Personal und Ressourcen zur Verfügung.

Auf dem Mittelmeer etwa unterstützen seit Juli 2012 Beamte aus elf Ländern – Polizisten, Geheimdienst- oder Zollexperten – die italienische Küstenwache. Deutschland beteiligt sich jährlich mit etwa 100 Beamten und technischer Ausrüstung wie Wärmebildkameras oder Nachtsichtgeräten.

Die kleine Agentur, ohne gesetzgeberische oder exekutive Gewalt, verstand sich – keineswegs zu Unrecht – zunehmend als der „Dreh- und Angelpunkt" der europäischen Grenzpolitik. Sie füllte jenes Vakuum, das das Gespann der heute 28 Mitgliedstaaten in ihren unentschlossenen und in wesentlichen Punkten uneinigen migrationspolitischen Ansätzen unübersehbar zur Schau stellte – und stellt. Und so konnte sich Frontex immer mehr zu einer EU-Grenzpolizei entwickeln, was naturgemäß Kritiker auf den Plan rief.

Aber dann, am 20. Februar 2014, passierte etwas Grundlegendes: Der Innenausschuss des Europäischen Parlaments billigte neue Einsatzregeln für die Grenzschutzagentur. Verboten ist es nun, Einwandererboote zur Umkehr auf das offene Meer zu zwingen. Im Klartext: Die Besatzungen von Schiffen, die an Frontex-Operationen teilnehmen, dürfen Flüchtlingsboote künftig nicht mehr abfangen und zurückschicken. Sie dürfen nur noch Warnungen aussprechen und die Boote „anweisen", nicht in die Territorialgewässer eines EU-Staates einzudringen. Die Mannschaften werden außerdem dazu verpflichtet, in Seenot geratene Flüchtlinge zu retten.

Die Neuregelung zielt in erster Linie darauf, so genannte „push-back-Aktionen" auf hoher See zu unterbinden – also das Zurückdrängen von oft völlig überladenen Flüchtlingsbooten in Richtung Afrika oder die Türkei. Grenzpolizisten der EU-Staaten sowie Frontex-Mitarbeiter werden zudem verpflichtet, Flüchtlingen bei Bedarf Zugang zu medizinischer Versorgung, Übersetzungsdiensten und Rechtsberatung zu gewähren.

Natürlich mussten die Institutionen der EU auf die Flüchtlingsdramen vor ihren Mittelmeerküsten reagieren. Und es ist auch richtig, dass einige der neuen Bestimmungen Bestandteil des allgemeinen Seerechts sind und auf diesem Wege nur bekräftigt werden.

Auf der anderen Seite – man muss es so sagen dürfen – ist die Tür nach Europa damit offen. Mehr noch: Die Zahlen belegen, dass gleichsam „über Nacht" deutlich mehr Boote von den Küsten Nordafrikas, ablegten. Es sprach sich offenbar wie ein Lauffeuer herum, bei den Wartenden, den Hoffenden, den Wanderern aus Schwarzafrika oder aus östlichen Kriegs- und Krisengebieten: Wer erst einmal auf See ist, der wird gerettet. Auf europäische Bestimmungen ist Verlass.

Mare Nostrum

Im Oktober 2013 ertranken vor der italienischen Mittelmeer-Insel Lampedusa mehr als 300 afrikanische Flüchtlinge. Die Zahl der Bootsflüchtlinge, die 2013 starben, beziffert die Internationale Organisation für Migration (IOM) auf rund 700.

Als Antwort auf diese Tragödie rief Italien das Hilfsprogramm „Mare Nostrum" ins Leben. Im Rahmen dieser groß angelegten Militäroperation fischt man Flüchtlinge aus dem Mittelmeer. Es werden ständig mehr. Nun werden die Menschen rechtzeitig „gerettet", wie man es nennt. Genauer: Sie werden ohne weitere Versuche, sie in ihre Herkunftsgewässer zurück zu lotsen, an Bord genommen und nach Italien gebracht. Lösungsansätze aber liegen im Nebel.

Dass auch mit „Mare Nostrum" ein Anreiz für Migranten und Flüchtlinge geschaffen wurde, es nun erst recht zu versuchen, ist nicht etwa eine „rechtspopulistische" Sichtweise, sondern evident. Auch Militärangehörige berichten unter der Hand, Schlepper würden im Wissen, die Flüchtlinge würden nun sowieso aufgegriffen, die Boote noch leichtfertiger losschicken.[121]

Und das sind die Meldungen, die wir seither nahezu täglich in unseren Medien finden: „Ein mit 600 afrikanischen Flüchtlingen völlig überfülltes Boot sendet rund 150 Kilometer südlich von Lampedusa einen Notruf. Ein Frachtschiff bringt das Boot auf. Im Inneren des aus Libyen kommenden Schif-

---

121 SPIEGEL Online, 9.7.2014

fes werden 18 Tote entdeckt. Ein weiterer Flücht-ling stirbt während der Rettungsaktion." – so der TAGESSPIEGEL am 20.7.2014.

Am selben Tag rettet die italienische Marine 2.100 Flüchtlinge und bringt sie nach Sizilien. Die Men-schen kommen aus Somalia, Eritrea, Syrien und Afghanistan.[122]

Oder, nur einen Tag später, der Deutschlandfunk in seinen Nachrichten um 14.00 Uhr: *„Die italie-nische Marine hat in der vergangenen Nacht im Mittelmeer fast 800 Bootsflüchtlinge gerettet. Wie das Militär mitteilte, waren vier Schiffe im Einsatz. Die Migranten seien mit mehreren Schlauchbooten sowie zwei kleineren Kähnen unterwegs gewesen. Man habe zugleich fünf Leichen geborgen. Nach Angaben der Marine befinden sich zur Zeit 1.700 Flüchtlinge an Bord ihrer Schiffe. Sie warteten auf die Erlaubnis des Innenministeriums in Rom, an Land gehen zu dürfen."*

Und so geht es weiter, in unseren Nachrichten des Sommers 2014. Am 23.08.2014 berichten AFP und SPIEGEL-Online: *„Vor der Küste Libyens hat sich offenbar erneut ein tödliches Flüchtlingsdrama abge-*

---

122 Zitiert nach ARD Tagesthemen vom 19.7.2014, 22.00 Uhr

spielt. Gesunken ist ein Boot mit mindestens 170 Afrikanern, die auf dem Weg nach Europa waren. Bislang wurden 17 von ihnen gerettet. Die Suche nach den anderen Passagieren laufe noch. Das hölzerne Boot war den Angaben zufolge auf dem Weg nach Europa. Laut Al Jazeera wurden bislang 20 Todesopfer geborgen. Die Marine gehe davon aus, dass die vermissten Passagiere ertrunken seien. Unter ihnen sollen Menschen aus Somalia und Eritrea sein."

Das Resultat der neuen Politik scheint eindeutig; Schon ist das Wort vom „Exodus" in der Welt. Allein in den Monaten Januar bis August 2014 erreichten 120.000 Flüchtlinge die Küsten Europas – mehr als jemals zuvor.

Die Marine patrouilliert mit Fregatten, Drohnen, Schnellbooten rund um Lampedusa und Sizilien. Fast täglich greift sie Flüchtlinge auf, bringt sie an Land. Das kostet jeden Monat knapp neun Millionen Euro – eine Summe, für die das überschuldete Italien nicht mehr allein einstehen will. Warum sollten nicht auch andere EU-Mitgliedsländer dafür bezahlen?

Schließlich geht es um eine Aktion, die nachweislich Tausende in Seenot geratene Migranten gerettet hat – aber mit der kaum jemand in Europa zufrieden zu sein scheint. „Mare Nostrum" wirft ein Schlaglicht auf die Migrationspolitik in Europa – sofern man sie als „Politik" bezeichnen darf. Die Flüchtlingszahlen brechen seither alle Rekorde.

Tatsächlich sind die meisten Auffanglager in Italien überfüllt, auch Kasernen und Zelte werden bereits genutzt. Wie drückte es Thomas Roth in den ARD Tagesthemen aus: „Aber was jetzt tun mit ihnen?"[123] Das weiß man auch in Rom nicht.

Und die Nordeuropäer? Sie denken beim Thema Italien und Flüchtlinge allerdings nicht zuerst an „Mare Nostrum", sondern an überfüllte Lager, laxe Kontrollen, kaum geregelte Verfahren. Es gibt Verstimmungen. Rom mache es Flüchtlingen zu leicht, in andere EU-Staaten weiterzuziehen – dabei muss laut EU-Regeln jenes Land, in dem die Flüchtlinge ankommen, den Asylantrag prüfen. Schwedens Außenminister Tobias Billström sagte es bei einem Treffen am 8. Juli 2014 in Mailand in deutlichen Worten: Italien mache „einen tollen Job" bei der Rettung von Leben im Mittelmeer. „Aber viele Menschen, die an der italienischen Küste ankommen, fahren weiter nach Schweden und Deutschland."

---

123 ARD Tagesthemen vom 8.7.2014, 22.39 Uhr

Und Bundesinnenminister Thomas de Maizière sagte es so: Es sei „interessant", dass die vielen Flüchtlinge, die in Italien ankommen, gar nicht in Italien blieben, sondern „ohne die dafür vorgesehenen Verfahren in die nördlichen Staaten Europas" kämen. „Auch darüber ist zu sprechen, wenn es um Solidarität geht."

Einig waren sich die Innenminister der EU nur darin, dass schon in Transitländern oder Herkunftsländern etwas geschehen müsse. Eine stabile Regierung in Libyen, dafür wolle man sich einsetzen. Zu viel mehr scheint die gemeinsame EU-Flüchtlingspolitik derzeit nicht in der Lage zu sein.

Und so war am 8. Juli 2014 in Mailand zwar viel von Solidarität die Rede. Die Flüchtlingskommissarin Cecilia Malmström merkte dazu jedoch an: „Verschiedene Länder meinen damit verschiedene Dinge."

Wie Italien Flüchtlinge nach Deutschland umleitet

Und was meint man hierzulande? Hier wächst die Wut über Italiens Tatenlosigkeit, in jenen Wochen im Sommer 2014. Während in Deutschland die

Zahl der Flüchtlinge und Asylbewerber nach oben schnellt, Zelte als Unterkünfte dienen müssen und die Aufnahmeeinrichtungen zunehmend überlastet sind, nimmt die Regierung in Rom die europäischen Verabredungen offenbar nicht ernst und lässt Flüchtlinge, die an Italiens Küsten anlanden, problemlos weiter in die nördlichen Staaten der Europäischen Union weiter zu ziehen.

So manche italienische Behörde soll – so berichtet DIE WELT – gar 500 Euro gezahlt haben, damit sich die Flüchtlinge in einen Zug gen Norden setzen.[124]

Der Vorwurf gegenüber Italien wiegt schwer: Nach der Dublin-Verordnung ist unmissverständlich das Land für die Bearbeitung eines Asylgesuchs zuständig, in dem ein Flüchtling den Boden der EU betritt. Länder an den EU-Außengrenzen erhalten Ausgleichszahlungen, damit sie ihren elementaren Verpflichtungen nachkommen können: die Grenzen sichern und sich um die Flüchtlinge kümmern. Italien aber hält sich offenbar nur teilweise an diese Absprachen.

---

[124] „Wie Italien Flüchtlinge nach Deutschland umleitet" in DIE WELT vom 2.9.2014)

Und so nimmt die Zahl der illegalen Einreisen nach Deutschland weiter markant zu. Im Jahr 2013 verzeichnete die Bundespolizei rund 33.000 unerlaubte Einreisen. Das waren 26,7 Prozent mehr als im Vergleichszeitraum des Vorjahres. Laut Bundespolizei-Chef Dieter Romann wird der Wert von 2013 im Jahr 2014 noch überschritten.

Die Kritik deutscher Sicherheitsbehörden an die Adresse Italiens wurde unüberhörbar. Romann erklärte im Juli 2014 in der WELT, dass Flüchtlinge, kaum von der italienischen Marine gerettet, kurze Zeit später in Deutschland festgestellt wurden. Der Bundespolizei-Chef ärgerte sich, dass im Gemeinschaftsrecht vorgeschriebene Verfahren wie etwa die Abnahme und Speicherung von Fingerabdrücken nicht in allen Fällen erfolgten. Zu dem gleichen Ergebnis kam eine Analyse der Nachrichtenagentur Associated Press. Demnach nahmen die Italiener bei mehr als einem Viertel der im ersten Halbjahr 2014 angekommenen Flüchtlinge keine Fingerabdrücke.

Die EU verfehlt damit ihr Ziel, die Migration innerhalb des von Grenzkontrollen befreiten Schengen-Raumes zu koordinieren. Hier wachsen Missstände – zulasten der begehrten Zielländer, allen voran Deutschland.

Nun aber, so der Bundesinnenminister, arbeite man in der EU an einer „geschlossenen und kohärenten Antwort" auf Herausforderungen wie die Verteilung der Flüchtlinge oder die Bootsunglücke mit vielen Toten im Mittelmeer. Deutschland ist bereit, die geplante neue Grenzschutzmission im Mittelmeer – „Frontex Plus" – zu unterstützen. Ab November 2014 soll die EU-Grenzschutzagentur Frontex das überforderte Italien bei der Rettung der Tausenden Flüchtlinge aus dem Mittelmeer ablösen. Im Gegenzug werde allerdings erwartet, dass sich Italien und andere südeuropäische Staaten verpflichten, die Vorgaben des EU-Asylsystems einzuhalten.

Mit ihrem Vorstoß wollen die EU-Staaten zugleich auch stärker gegen Schleuser vorgehen, die die Flüchtlinge für viel Geld auf die gefährliche Reise nach Europa schicken. Dafür soll die Zusammenarbeit mit südlichen Mittelmeerstaaten wie Libyen, Tunesien oder Marokko verbessert werden. Vielleicht könnte die Zahl der Katastrophen auf See doch verringert werden?

Die Bundespolizei – Retter oder Statist?

„Ich kann alles besorgen, echte Pässe oder falsche. Ein echter kostet 2.000 Euro" – so zitiert die WELT am Sonntag in einer Reportage vom 27.7.2014 den Passfälscher Hussam.

Hussam ist Syrer. Am Aksaray-Platz, mitten im bunt wogenden Istanbul, verkauft er Reisedokumente, vor allem solche der begehrten Sorte. Ein amerikanischer Pass etwa kostet bei ihm 2.500 Euro. Schleuser haben also genügend Möglichkeiten, um in unmittelbarer Nähe zum „gelobten Schengen-Land" im großen Stil an Pässe zu kommen.

Natürlich gibt es vielfältige andere Wege. In Berlin, so die Reportage, habe die Polizei beispielsweise erst kürzlich das Geschäft eines türkischen Bestatters durchsucht. Das verblüffende Ergebnis: Er hat offenbar die Pässe der Toten, die die Angehörigen ihm anvertraut hatten, an Schleuser weiterverkauft.[125]

In Deutschland geraten wir an dieser Stelle in den Zuständigkeitsbereich einer Mammutbehörde, die ihren Sitz im beschaulichen Süden Potsdams hat: die Bundespolizei. 4.000 Beamte sind verantwortlich für das Bekämpfen von Schleusernetzwerken und Menschenhändlern. Ihre Ermittler überwachen Flughäfen, Bahnhöfe und Häfen, um

---

125 WELT am Sonntag, 27.7.2014, S. 17

Flüchtlingstransporte aufzuspüren. Ihr Auftrag ist es, kurz gesagt, zu verhindern, dass Menschen illegal einreisen.

Nach allem, was hier ausgeführt wurde, dürfte eine gewisse Überraschung darüber, dass es so etwas wie die Bundespolizei überhaupt gibt, nicht völlig unberechtigt sein. Und tatsächlich hat das Bundesinnenministerium, dem die Bundespolizei untersteht, inzwischen gemerkt, dass sie gegen Schlepperorganisationen und Mafia-Clans in eher kläglicher Weise hilflos ist. Nun wurde eine Kommandozentrale ins Leben gerufen, die sieben Behörden koordinieren soll. Das sind: das Geheime Analyse- und Strategiezentrum illegale Migration, die Bundespolizei, das Bundesamt für Migration und Flüchtlinge, das Auswärtige Amt, die Bundeszollverwaltung, das Bundeskriminalamt, der Bundesnachrichtendienst und das Bundesamt für Verfassungsschutz. Sie alle erstellen täglich Analysen. Man macht also mobil – was unmissverständliche Rückschlüsse darauf zulässt, wie ernst man die Gefahren einer wachsenden unkontrollierten Einwanderung nimmt und für wie bedrohlich man sie hält.

Aber – ist ein solcher „Gegner" mit den begrenzten Mitteln von Verwaltungsbehörden in Schach zu halten? Gewiss – man schleust Undercover-Ermittler ein, schickt sie in die einschlägigen Bars oder Teestuben, oder man verwanzt Autos. Am Ende steht man oft mit leeren Händen da, weil verzweigte Familienclans hinter den Kulissen die Fäden ziehen, teilweise verteilt über mehrere Länder. Die Sache sei nur, so resümiert die WELT in ihrer Reportage, dass dieses Wissen sich meist als nutzlos erweise: „Die Hintermänner, die großen Schleuser-Bosse, leben in Villen mit Swimmingpool, mit Luxusautos, meist im Ausland und damit unerreichbar für die deutsche Justiz. Es ist, als würden Polizisten und Staatsanwälte mit Fahrrädern versuchen, einen Ferrari zu jagen."[126]

7. Binnenwanderung

Kopfzerbrechen bereitet den Europäern aber nicht allein der Zuwanderungsdruck an ihren Außengrenzen. Ausgerechnet im Vorfeld der für 2014 anstehenden Wahlen zum europäischen Parlament kochte ein ganz anderes heißes Thema hoch – die Binnenwanderung.

---

126 WELT am Sonntag a.a.O., S. 16

Von Binnenmigration spricht man, wenn Staatsangehörige eines Mitgliedstaates der Europäischen Union in ein anderes Mitgliedsland ziehen. Bis 2004 war sie kaum eine Randnotiz wert. Als aber am 1. Mai 2004 mit der sogenannten Osterweiterung zehn überwiegend mittel- und osteuropäische Länder der EU beitraten, eskalierten die Wanderungen nach Deutschland ebenso sprunghaft wie ungeahnt. Kaum etwas präzisiert die Entwicklung der folgenden Jahre treffender als das „Unwort" des Jahres 2013: Man zeichnete – wohlgemerkt – den „Sozialtourismus" mit diesem Anti-Prädikat aus. Über den Tatsachenkern dieses „Unwortes" konnte die Jury nicht urteilen; dies liegt nicht in ihrer Kompetenz.

Dieser Tatsachenkern hat es in sich. Seit Rumänien und Bulgarien zur Europäischen Union gehören, verlassen Roma-Familien mit Sack und Pack ihre dortigen Siedlungsgebiete – und ziehen gen Norden, zu uns.

Natürlich gilt für diese Menschen der Grundsatz: „Unionsbürger" genießen Freizügigkeit. Wer Staatsangehöriger eines der 28 Mitgliedstaaten der Europäischen Union ist, ist zugleich „Unionsbürger", kann sich innerhalb der gesamten EU frei bewegen und seinen Wohnsitz nach Belieben wählen. Dagegen ist nichts zu sagen. Wer aber hat bei derartig kühnen Regelungen an einen Wandererstrom diesen Ausmaßes gedacht? Seit dem Beitritt Rumäniens und Bulgariens zur Europäischen Union am 1. Januar 2007 hat die Zuwanderung aus diesen beiden Ländern ein Ausmaß erreicht, das alle noch so skeptischen Prognosen sprengt. Allein 2011 strebten aus diesen beiden jungen EU-Mitgliedstaaten 146.025 Migranten nach Deutschland – eine Steigerung gegenüber 2010 um 29,3 Prozent. Und 2012 kamen mit 153.000 Einwanderern wiederum mehr Rumänen und Bulgaren nach Deutschland als 2011 – so die Zahlen des Bundesinnenministeriums. Viele Einwanderer gelten als Armutsflüchtlinge. Die Tendenz ist eindeutig weiter ansteigend: 2013 wanderten 82.557 rumänische und 41.694 bulgarische Staatsbürger ein. Sie konzentrieren sich besonders in einigen Großstädten.

Zehntausende leben inzwischen auch in Berlin, vor allem in Neukölln. Der dortige Bezirksbürgermeister Heinz Buschkowsky beschrieb es im Februar 2013 im ZDF ohne Schnörkel: „Es kommen ganze Dörfer – einschließlich Pfarrer! Und sie werden bleiben."[127] Er schlug Alarm: „Große Sorge macht uns in Neukölln die starke Zuwande-

---

127 ZDF, 28.2.2013

rung bildungsferner Menschen aus Südost-Europa. Fast 1.000 Kinder haben wir in unseren Schulen aufgenommen und müssen sie schulfähig machen. Wir brauchen bei uns 80 neue Lehrer, um Kinder zu unterrichten, die noch nie eine Schule von innen gesehen haben. Die noch nie ein Wort Deutsch gehört haben." Und er fügt hinzu: „Menschen, die weder lesen noch schreiben können noch Deutsch sprechen, werden zu den Problemen von morgen ..." (*Berliner Morgenpost* vom 27.7.2013) „Wir haben", so erzählt Buschkowsky, „bei der Ankunft ganzer Roma-Familien Interviews geführt. Wir haben ein kleines Mädchen gefragt: Na, wo ist es denn nun schöner, zu Hause im Heimatdorf, oder hier? Die Antwort: Zu Hause ist es schöner. Aber da ist keiner mehr."

Deutschland erlebt mit anderen Worten derzeit eine neue, integrationspolitisch besonders problematische Einwanderungswelle. Und dies nicht etwa über die „Außengrenzen" der EU, über schwer überschaubare Grenzlinien am Mittelmeer oder am Evros, wo man gigantische Befestigungen aus Nato-Draht errichtet hat. Hier, innerhalb unserer Union, hat man neuen Integrationsproblemen, neuen Migrationsströmen und neuen Herausforderungen für die begehrten Zielländer gleichsam die Schleusen geöffnet.

Hat die EU ihre Schularbeiten vernachlässigt?

Kam also der EU-Beitritt Bulgariens und Rumäniens verfrüht? Natürlich, ja, das kam verfrüht, darin sind sich viele nachdenkliche Experten einig. Diese beiden 2007 beigetretenen Länder hatten – und haben bis heute – ihre Schularbeiten nicht gemacht. Gut, man vereinbarte eine Karenzzeit von sieben Jahren, bis nun auch für diese Staaten seit 1. Januar 2014 die uneingeschränkte Freizügigkeit innerhalb der EU gilt. Aber was sind sieben Jahre – bei Ländern, in denen sich beim Minderheitenschutz nichts bewegt? In denen die Diskriminierung der Roma und Sinti traurige Tradition ist?

Wir bewundern, konkret gesprochen, einmal mehr eine gigantische politische Fehlleistung. Wer hat eigentlich die Beitrittsverhandlungen geführt, wer die Beitrittsverträge unterschrieben – ohne vorher darauf zu schauen, wie diese Neumitglieder mit ihren Minderheiten umspringen? Warum hat sich EU-Erweiterungskommissar Günter Verheugen seinerzeit nicht erst einmal seine Gummistiefel angezogen und ist durch die Provinzstädte Rumäniens gestapft, wo sie hausen, die Angehörigen der Roma, in Bretterverschlägen oder traurigen Hütten, seit Jahrhunderten ausgegrenzt, menschenunwürdig diskriminiert, ohne

Perspektive, am Rand der Armutsgrenze? An zwei Fingern hätte er sich abzählen können, dass eine millionenfache Wanderung nach Westeuropa einsetzen muss! Heute ist Rumänien Vollmitglied der EU und zudem ein souveräner Staat, der sich wohl kaum in seine inneren Angelegenheiten hineinregieren lässt. Nein – die Suppe, die uns jene osteuropäischen Herkunftsländer einbrocken, haben nun westeuropäische Zielländer auszulöffeln, ob sie wollen oder nicht.

Faszinierenderweise ist man auf gutem Weg, diese zentralen Verdrängungsfehler in der Debatte um einen EU-Beitritt der Türkei eins zu eins zu wiederholen. Dass rund vier Millionen Türken auf gepackten Koffern sitzen, ist seit Langem bekannt und sogar aus innertürkischen Erhebungen belegt. Gerade mit Blick auf türkische Migranten ist an dieser Stelle eine Lanze zu brechen für Einwanderer aus Bulgarien und Rumänien: Letztere nämlich sind in einer signifikant höheren Relation Arbeitnehmer in Deutschland, verglichen mit Zuwanderern aus der Türkei, bei denen in hohem Maße ein Zuzug in die Wohnbevölkerung – etwa im Rahmen des Familiennachzugs – zu verzeichnen ist.

Die Akzeptanz des grundsätzlich grandiosen europäischen Einigungswerkes speist sich nicht aus harmonischen Fernseh-Gruppenfotos und blauen Fahnen mit goldenen Sternen. Sie korreliert mit den an der Basis, bei den Menschen wahrgenommene Vorteilen – oder Unannehmlichkeiten. Die Kommunen etwa haben längst erkannt, dass sie die Zeche einer verfrühten Südost-Erweiterung der EU zu zahlen haben. Oder die heimische Bevölkerung, die aus ihrer ablehnenden Haltung gegenüber Sinti und Roma keinen Hehl macht. Laut einer Studie der Antidiskriminierungsstelle des Bundes, vorgelegt am 2. September 2014, sind sie die unbeliebteste Minderheit in Deutschland. 17 Prozent der Deutschen halten sie für sehr unsympathisch. 11 Prozent sagen das über Muslime, 9 Prozent über Asylbewerber.

Eine direkte Nachbarschaft mit Sinti und Roma empfände rund ein Drittel aller Deutschen als eher unangenehm oder sogar sehr unangenehm. Fast die Hälfte der Befragten gab an, dass Angehörige dieser Gruppe durch ihr eigenes Verhalten Feindseligkeiten in der Bevölkerung hervorrufen würden. 15 Prozent halten Sinti und Roma für kriminell, 14 Prozent für nicht integrierbar, 10 Prozent für faul.

In der repräsentativen Umfrage wurden die mehr als 2.000 Teilnehmer auch befragt, wie ein gutes

Zusammenleben mit Sinti und Roma erreicht werden könnte: 80 Prozent der Befragten schlugen vor, den Missbrauch von Sozialleistungen zu bekämpfen, 78 Prozent forderten, Kriminalität zu bekämpfen, und die Hälfte meinte, die Einreise von Roma und Sinti sollte beschränkt werden. Jeder Fünfte schlug eine Abschiebung aus Deutschland vor; immerhin 14 Prozent waren für eine „gesonderte Unterbringung".[128]

Welch eine Studie. Ihr eigentliches Ergebnis: politisch korrektes Entsetzen und verbale Empörung unserer Politiker. Nun sei „Aufklärungsarbeit" zu leisten. Mit anderen Worten – auf zum Schönfärben.

Umgekehrt würde ein Konzept daraus: vorbeugen statt im Vorfeld wegducken.

Hunderttausendfache Armutswanderungen innerhalb der Europäischen Union sind ein Armutszeugnis für die innereuropäische Koordination. Eine EU, die sich nicht nur als Zahl-, sondern auch als Wertegemeinschaft definiert, hat gegen Mitgliedsländer, die ihre Minderheiten – etwa Sinti und Roma – ausgrenzen, diskri-

---

128 DIE WELT vom 3.9.2014

**minieren oder schikanieren, geschlossen aufzu-
stehen – am günstigsten schon während der
Beitrittsverhandlungen, nicht erst nach dem
Beitritt, wenn es zu spät ist.**

Das soziale Netz im Fokus?

Zurück zum „Unwort". Wer Anspruch auf Sozialhilfe hat, erläutert die EU-Kommission in einer
sterilen „Klarstellung": „Sozialhilfe gewährt ein
Mitgliedstaat in der Regel Personen, die nicht über
ausreichende Mittel zur Deckung ihrer Grundbe-
dürfnisse verfügen. Mobile Arbeitnehmer aus der
EU – und ihre Familienangehörigen – haben ab
Beginn ihres Aufenthalts in einem anderen Mitgliedstaat Anspruch auf dieselben Sozialhilfeleis-
tungen wie die Staatsangehörigen des betreffen-
den Mitgliedstaates."

Theorie? Über eine Praxis, die offenbar bisher nicht
vorstellbar war, berichtete die FAZ am 26.Juni 2013:
*„Eine kleine Delegation des Berlin-Neuköllner Be-
zirksamtes hat sich nach Bukarest aufgemacht. Franziska Giffey, die Bezirksstadträtin für Bildung, Schule, Kultur und Sport in Neukölln, will herausfinden,
was Roma aus Bulgarien und Rumänien in Scharen
in den Schmelztopf Neukölln treibt, wo 300.000
Kiez-Bewohner aus 160 Ländern ohnehin alle Mühe*

haben, ihren Alltag zu meistern. Neben den verbliebenen „Bio-Deutschen" geben zwischen Sonnenallee und Karl-Marx-Straße vor allem Türken und junge Araber den Ton an. Die Neuankömmlinge vom Balkan stehen auf der sozialen Leiter ganz unten: Sie zahlen Wuchermieten in Bruchbuden, oft wird pro Schlafplatz abgerechnet, 200 Euro im Monat. Die Roma erledigen Schmutzjobs, sie betteln, putzen an Ampeln ungebeten Autofensterscheiben oder ziehen musizierend durch die S-Bahnen."

Praktisch jeden Monat muss Franziska Giffey eine neue Schulklasse für die Zuwanderer aus dem Boden stampfen. An 30 von 65 ihrer Schulen mussten inzwischen „Willkommensklassen" für Neu-Neuköllner eingerichtet werden. Kaum eines der Kinder spricht anfangs Deutsch, viele nicht einmal Rumänisch, sondern nur Romanes. Nicht selten sind die Erstklässler bereits acht Jahre alt, manchmal sogar älter, denn viele Eltern haben es bereits eine Zeitlang als „Pendelmigranten" probiert. Nach aktueller Statistik besucht in Rumänien nur die Hälfte der Roma-Kinder einen Kindergarten oder eine Vorschule. In Deutschland müssen, da sie kein Impfbuch haben, praktisch alle Neuen erst einmal gegen alles Mögliche geimpft werden. Das kostet, sagt das Bezirksamt, etwa 1.000 Euro pro Kind.

Viele Roma-Familien aus Osteuropa, so der Bericht der FAZ weiter, leben von einem **Sozialstaats-Trick**: Sie reisen als Touristen nach Deutschland. In Berlin-Neukölln angekommen werden sie von Schleusern und heimischen Wucherern in Bruchbuden einquartiert. Dreißig solcher Häuser zählte das Bezirksamt im Juni 2013. Dann geht es zum Ordnungsamt. Dort wird für 26 Euro ein selbständiges Gewerbe beantragt. Das ausgefüllte Formular war zuweilen schon im „Schleuserpaket" inbegriffen, ansonsten helfen bereits Angekommene. Im Transportwesen oder als Abrissunternehmer machen sich die Männer selbständig. Beliebt ist auch der „Public-Relations Assistent", wohinter sich eine Tätigkeit als Werbezettelverteiler verbirgt.

Die Zahl der rumänischen und bulgarischen „Selbständigen" hat sich allein 2012 um fünfzig Prozent erhöht. Berlin-weit wurden im ersten Dreivierteljahr 2012 mehr als 4.900 neue selbständig Gewerbetreibende aus Rumänien und Bulgarien registriert. Ein Gründerboom?

Leider nein – eher eine bloß scheinbar enorme Geschäftstüchtigkeit, die sich in keiner Weise in den Steuereinnahmen niederschlägt. Im Gegenteil: Knapp ein Drittel der rumänischen und bulgarischen Gewerbeanmelder bezieht „Aufstocker"-Leistungen nach dem Bundessozialhilfegesetz. Allenfalls ein paar Euro werden vielleicht mit dem angemeldeten Gewerbe verdient. Der Trick: Wer selbständig ist, kann Kindergeld beantragen. Daher seien allein aus Fantanele praktisch alle Familien mit mehr als drei Kindern nach Berlin umgesiedelt, wie der christlich-orthodoxe Priester Ion Aureliano laut FAZ berichtet. Für jedes Kind bekomme eine Roma-Familie in Berlin mehr Geld als ein Lehrer in Fantanele, dem dort rund 200 Euro pro Monat an Gehalt bezahlt werden.

Und das „Unwort"? Es erhielt sozusagen posthum und recht überraschend nun den Segen von niemand Geringerem als dem Bundesinnenminister. Am 27. August 2014 beschloss das Bundeskabinett ein Maßnahmepaket, um – so wörtlich – den „Sozialmissbrauch" durch einwandernde EU-Bürger – sprich: den „Sozialtourismus"? – einzudämmen.

„Sicherung der Freizügigkeit – Unterbindung von Missbrauch"

„Die überwiegende Mehrzahl der Unionsbürgerinnen und Unionsbürger, die nach Deutschland zuzieht, übt ihr Freizügigkeitsrecht in Übereinstimmung mit den geltenden nationalen und europäischen Regeln aus". So steht es politisch hoch korrekt in der Mitteilung, die Bundesinnenminister und Bundesarbeitsministerin am 27. August 2014 dem Medien präsentieren. Allerdings, und hier wird die Mitteilung überraschend deutlich, müssten „Fälle von betrügerischer oder missbräuchlicher Inanspruchnahme des Freizügigkeitsrechts wirkungsvoll unterbunden werden. Um die Freizügigkeit zu erhalten, muss ihre Akzeptanz in der Gesellschaft gesichert sein. Gerade deshalb ist es wichtig, gegen den Missbrauch dieses Rechts wirkungsvoll vorzugehen."

Als wesentliche Maßnahmen zur Missbrauchsbekämpfung sehen Neuregelungen insbesondere vor:

– Im nationalen Freizügigkeitsrecht sollen befristete Wiedereinreisesperren im Fall von Rechtsmissbrauch oder Betrug ermöglicht, das Aufenthaltsrecht zur Arbeitssuche in Übereinstimmung mit dem Europarecht befristet und die betrügerische Erschleichung von Aufenthaltsbescheinigungen nach dem Freizügigkeitsgesetz/EU unter Strafe gestellt werden.

– Im Bereich von Familienleistungen und Kindergeld sollen Doppelzahlungen und Missbrauch unterbunden werden. Eine neue Regelung soll die Kindergeldberechtigung von der eindeutigen Identifikation von Antragstellern und Kindern durch Angabe von Identifikationsnummern abhängig machen.

– Die Verwaltungsanweisungen im Bereich der Familienleistungen werden strenger gefasst: Das betrifft die Prüfung der Freizügigkeitsberechtigung, die Befristung des Festsetzungszeitraums für nichterwerbstätige Berechtigte aus EU-Staaten sowie die Anforderungen an den Nachweis, dass Kinder, für die Leistungen beansprucht werden, auch tatsächlich existieren.

– Ein Missbrauch der Freizügigkeitsrechte unter dem Deckmantel der Erwerbstätigkeit soll effektiv verhindert werden. Zugleich gilt es sicherzustellen, dass Zuwanderer nicht in ausbeuterischen Beschäftigungsverhältnissen arbeiten müssen. Auch gegen Scheinselbständigkeit ist künftig entschieden vorzugehen.

– Eine neue Gewerbeanzeigeverordnung regelt bereits, dass Anhaltspunkte für Scheinselbständigkeit künftig konsequent zu prüfen sind. Außerdem soll die Zusammenarbeit mit der Finanzkontrolle Schwarzarbeit der Zollverwaltung intensiviert werden.

Bundesinnenminister Thomas de Maizière sagte bei der Präsentation des Abschlussberichts[129] am 27. August 2014 in Berlin, es gäbe kein flächendeckendes Problem, aber in bestimmten Regionen und Städten sei die Zahl der Zuwanderer aus Bulgarien und Rumänien „besorgniserregend" – eine Wortwahl, die bei dem sonst eher spröde und wortkarg daher kommenden Minister einem emotionalen Vulkanausbruch gleichkommt. Er spricht von „Belastungen" durch „Sozialmissbrauch", die „erheblich" seien. Nach allem, was wir in Sachen „Wegschauen" und „Schönfärben" in den zurückliegenden Jahrzehnten erleben durften, bleibt hier nur die entsetzte Erkenntnis: Es muss tatsächlich schwerwiegend sein, was sich in unserem Land an Missständen entwickelt hat.

Ein Mann sagt „Stopp"

Wie augenfällig unsere Administration über einen nennenswerten Zeitraum die Dinge hat treiben lassen, zeigt ein Blick in die Zeitungen vom März 2013.

---

129 Abschlussbericht des Staatssekretärsausschusses „Rechtsfragen und Herausforderungen bei der Inanspruchnahme der sozialen Sicherungssysteme durch Angehörige der EU-Mitgliedstaaten"

Schon seinerzeit kündigte der damalige Bundesinnenminister Hans-Peter Friedrich Maßnahmen gegen sogenannte Armutseinwanderung an. Zwar könne sich jeder EU-Bürger in jedem Mitgliedsland aufhalten, wenn er dort arbeite oder studiere. Wer aber komme, „um Sozialleistungen zu kassieren, und das Freizügigkeitsrecht missbraucht", müsse „wirksam davon abgehalten werden", sagte Friedrich der *Süddeutschen Zeitung* in dem Interview.[130] Eine Möglichkeit könne etwa eine „Wiedereinreisesperre für diejenigen sein, die wir zurückgeschickt haben".

Einen besonderen Kraftakt aber vollbrachte dieser Bundesinnenminister am 6. März 2013 in Brüssel. Gegen die innerdeutsche Opposition, gegen die EU-Kommission und insbesondere gegen die ganz überwiegende Anzahl der EU-Mitgliedstaaten stand er auf und sagte entschlossen: nein! Nein zu dem bereits aktuell auf der Tagesordnung stehenden Beitritt Rumäniens und Bulgariens zum Schengener Abkommen.

Damit kam aus Berlin eine klare Botschaft: Rumänien und Bulgarien seien nicht reif für eine komplette Aufhebung der Grenzkontrollen. Allein auf

---

130 *Süddeutsche Zeitung* vom 3. März 2013

weiter Flur, nur noch flankiert von den Niederländern, stellte Innenminister Friedrich sich auf EU-Ebene quer. Er warnte eindringlich – und im Rückblick mit Recht – vor den Folgen einer solchen Grenzöffnung nach den Parametern von „Schengen". So könnten Nicht-EU-Bürger, die sich in Rumänien und Bulgarien aufhielten, von dort ohne Kontrolle in die EU weiterreisen: „Das hat etwas mit der Sicherheit unserer Bürger zu tun und da kann es keine Kompromisse geben." Die Gewerkschaft der Polizei sagte ein „totales Zusammenbrechen der Grenzkontrollen an den Schengen-Außengrenzen" voraus, falls Bulgarien und Rumänien jetzt schon aufgenommen würden.[131]

Fast prophetisch sprach der Minister Klartext: „Es kann doch nicht sein, dass sich irgendwann einmal aus ganz Europa die Leute auf den Weg machen nach dem Motto: In Deutschland gibt es die höchsten Sozialleistungen".

Wie recht Hans-Peter Friedrich hatte, zeigen die heutigen Zahlen. Es verdient hervorgehoben zu werden, dass die EU-Kommission seinerzeit, nach dem deutschen Stopp der Schengen-Erweiterung im März 2013, den aus Deutschland vorgebrach-

---

131 *Kölner Stadtanzeiger* vom 7.3.2013

ten Bedenken prompt widersprochen hatte. Ein Kommissionssprecher sagte: „Dieses Problem existiert nicht. Es ist die Wahrnehmung in einigen Staaten, die aber nicht von der Realität gedeckt ist."[132] Ein Meisterstück des Wegduckens und der migrationspolitischen Realitätsverweigerung– dieses Mal und umso beklemmender auf der hohen Ebene unserer Europäischen Union.

Rumänien und die „Masseneinbürgerungen"

Damit ist das Kapitel „Rumänien und die EU" leider nicht zu Ende. Am 9. Januar 2014 berichtet DIE WELT von „Masseneinbürgerungen": „Die rumänischen Behörden bürgern gegen eine Gebühr massenhaft Bewohner der Nachbarrepublik Moldau ein." Moldawer und Ukrainer erhielten auf diesem bequemen Weg einen Freifahrschein für die EU mit sämtlichen Vorteilen, der Arbeitserlaubnis und der Reisefreizügigkeit. Kurzum: Rumänen wandern nicht nur zu uns – Rumänien wird darüber hinaus zum „Einfallstor in die EU" – so DIE WELT.

---

132 Zitiert nach *Deutsche Mittelstands Nachrichten* vom 10.3.2013

Das Ganze hat überdies Methode. Nach internen Angaben gewährten rumänische Behörden allein 2011 und 2012 rund 152.000 Ausländern, meist aus Moldau, die Staatsangehörigkeit. Augenzeugen berichten, dass Kleingruppen von bis zu 20 Moldawern aus allen Teilen des Landes in Bussen vor den Konsularabteilungen vorgefahren werden.

Rumäniens Staatspräsident Băsescu sagte, er erwarte insgesamt 700.000 bis 800.000 Anträge auf eine rumänische Staatangehörigkeit. Moldau hat etwa 3,5 bis 4 Millionen Einwohner. Aus rumänischer Sicht wird die Nation in willkommener Weise größer. Es ist schließlich kein Geheimnis: Höhere Einwohnerzahlen versprechen gemäß dem Schlüssel für die Zuteilung von EU-Fördermitteln aus den Strukturfonds mehr Geld aus Brüssel.

Kann dieses Verfahren rechtens sein? Diese Frage ist bislang unbeachtet geblieben. Dass sich die Erwerbsgründe für die Staatsbürgerschaft allein nach nationalem Recht regeln, steht außer Frage. Staaten sind allerdings bei der Verleihung ihrer Staatsbürgerschaft nicht völlig frei. Sie müssen bestimmte, allerdings sehr weit gefasste völkerrechtliche Grenzen beachten. Deren Verletzung führt dazu, dass andere Staaten die Verleihung der Staatsbürgerschaft nicht anerkennen müssen.

Völkerrechtlich verbindliche Regeln, die den Erwerb der Staatsangehörigkeit betreffen finden sich in Artikel 6 des Europäischen Übereinkommens über die Staatsangehörigkeit vom 6. November 1997. Darin heißt es: „Jeder Vertragsstaat sieht in seinem innerstaatlichen Recht die Möglichkeit der Einbürgerung von Personen vor, die sich rechtmäßig und gewöhnlich in seinem Hoheitsgebiet aufhalten." Wer lediglich als „Pass-Tourist" mit dem Kleinbus für 20 Minuten über die Grenze kommt, dürfte sich kaum „gewöhnlich" dort aufhalten.

Im System des Rechts der EU dürfte es keine probate Handhabe geben, um dem rumänischen Treiben juristisch Einhalt zu gebieten. Die Union hat insoweit keine Rechtsetzungsbefugnis. Nach den vertraglichen Regelungen ist die Unionsbürgerschaft akzessorisch zur – nationalen – Staatsbürgerschaft.[133] „Unionsbürger" ist, wer die Staatsangehörigkeit eines der 28 EU-Mitgliedstaaten besitzt. Punktum. Nur – Unionsbürger wählen das Europäische Parlament, das wiederum sehr maßgeblich an der Europäischen Gesetzgebung mitwirkt.

---

133 Art. 20 Abs. 1 Satz 2 AEUV

Vollzieht sich hier ein EU-Beitritt Moldawiens durch die Hintertür – und damit ein europäischer Winterschlussverkauf demokratischer Parameter?

EPILOG

„Willkommen in Miami, wo die Spanisch sprechenden Kubaner mittlerweile die Mehrheit, die americanos aber noch immer das Geld haben" – so kündigt der Verlag das „neue Meisterwerk" seines preisgekrönten Kultautors Tom Wolfe an – des „größten literarischen Stilisten und brilliantesten Kommentators der gesellschaftlichen Realität unserer Zeit" (Time). Sein neuer Titel: „Back to Blood" taucht ein in eine Stadt, die prototypisch ist für ein Amerika im Wandel. Für ein Amerika, das als Einwanderungsgesellschaft unterwegs ist von der – scheinbaren – Integration zur – realen – Segregation.

Und zwar zu einer Segregation, die sich unverhohlen an den Wurzeln der Herkunft orientiert, an der Abstammung und an der identitätsstiftenden Verwandtschaft von Kultur, Tradition und „Blood". Hier ein Auszug: „Die Religion stirbt ... aber an irgendwas muss doch jeder glauben. Es wäre unerträglich – nicht zum Aushalten – wenn man sich am Ende sagen müsste ‚Warum soll ich mir noch was vormachen? Ich bin nichts weiter als ein beliebiges Atom in einem Superteilchenbeschleuniger namens Universum'. Aber heißt an etwas glauben nicht per definitionem blind, irrational glauben? Tja, liebe Leute, dann bleibt uns nur noch eins, das uns verbindet: das Blut, die Blutlinien, die durch unseren Körper strömen. *„La Raza!"*, schreien die Puertoricaner. *„Die Rasse!"*, schreit die ganze Welt. Alle Menschen, alle Menschen überall, haben nur noch einen Gedanken – *Zurück zum Blut*. Alle Menschen, überall, haben keine andere Wahl als – zurück zum Blut!"[134]

Ist das der Pendelschlag hinweg von politisch verordneter Gleichheitskorrektheit, hinweg von individualitätsbedrohender Entwurzelung – hin zu neuer Vertrautheit in der Tradition? Hin zu einer neuen Überlebensstrategie der vom Ertrinken bedrohten Minderheiten im Sog westlicher Weltsichten?

Es wäre eine – unerwartete – Antwort auf ein viel zu lange schon zu beobachtendes Verdrängen von Einwanderungsrealitäten. Eine Antwort vielleicht auf eine Hybris des Unterschätzens ihrer Veränderungswucht, auf eine Hybris der substanzlosen „Toleranz", deren Grenze zur Selbstaufgabe in vielen Gesellschaften des „Westens" bereits fließend ist?

---

134 Tom Wolfe, „Back to Blood", München 2012, S. 30

Selbstaufgabe – ein unschönes Wort. Wir haben unsere Tore geöffnet, in unseren Ländern Mitteleuropas. In blauäugiger Gutgläubigkeit und in träumender Annahme, es werde sich schon alles zurechtschaukeln. Jeder, der zu uns einwandert und bei uns bleiben will, werde sich schon arrangieren, mit den Gegebenheiten und Vorgaben unserer Gesellschaft. Vor allem natürlich mit unseren so wundervollen, grundrechtlich auf alle Zeit gesicherten Errungenschaften. Mit einer modernen Epoche, die uns Einigkeit, Recht, Freiheit, *égalité* und *fraternité* und vor allem Wohlstand und Genuss als unverrückbare Ansprüche einer aufgeklärten Menschheit verspricht.

Sollte es sich nun eher auseinanderschaukeln? Sollten nicht die Werte, sondern zunehmend die Blutsbande zu neuen Indikatoren für den gesellschaftlichen Halt werden? Was hätten wir anzubieten, als schlüssigen Gegenentwurf zu Tom Wolfes Ausruf „Back to Blood"? Das restlos abstrakte Zauberwort „Integration" etwa? Oder vielleicht die „Vermischung", wie sie etwa ein Heiner Geißler zu ideologisieren versuchte?

„Indem die Kulturen sich vermischen, sind sie dem Untergang preisgegeben" – so lehrte uns Oswald Spengler. Sein Hauptwerk „Der Untergang des

Abendlandes" erschien in zwei Bänden 1918 und 1922. Schlagartig war Spengler berühmt. Bis heute ist er in renommierten Verlagen im Sortiment. Damals wie heute fasziniert sein universalgeschichtlicher Blick auf die Entwicklung unserer Kulturkreise. Die Geschichte, so Spengler, verlaufe in ständigem Auf und Ab. „Jede Kultur hat ihre Möglichkeiten des Ausdrucks, die erscheinen, aufblühen, reifen, verwelken und nicht wiederkehren." Welche Hochkulturen wir auch betrachten – ob Ägypten, Peru oder die Antike – sie alle durchliefen diese Stadien: Geburt, Aufstieg, Blütezeit und Verfall.

Immer wieder hat Zuwanderung im Stadium des kulturellen Abschwungs eine Rolle gespielt. Nicht die ausschlaggebende, da sich ein Erlöschen von innen heraus oft bereits abzeichnete, aber eine dennoch zentrale – wie etwa in Rom. Spengler führt eine Fülle dieser Phänomene an, die den Lauf der Menschheitsgeschichte mitbestimmten. Er weist beispielsweise nach, woran die unvergleichliche ägyptische Hochkultur zugrunde ging: an der nicht kontrollierten oder nicht mehr zu kontrollierenden Zuwanderung von Nomaden aus dem benachbarten zentralen Afrika. Das Volk der Ägypter wurde seit der Römerzeit, so Spengler, zu einem „Fellachenvolk".

Ein etwas jüngeres Beispiel wäre die Einwanderung der Germanen in den Norden des damals wohl schon eher morschen Römischen Reiches. Den Todesstoß erhielt Rom, man kann es so sehen, durch seine eigene Einwanderungspolitik. Diese war liberal und fair. Man gab den Germanen Land, ließ sie in der Po-Ebene siedeln, ließ sie in Ruhe ihren Ackerbau betreiben – und profitierte von den Ernten. Als dann aber das mächtige Heer der Ostgoten in Norditalien einmarschierte, schlossen sich ihm alle eingewanderten germanischen Stämme begeistert an – das Ostgotenheer wuchs zum Massenansturm, erreichte Rom. Der Rest ist bekannt.

Natürlich tun sich an dieser Stelle „Tabus" auf. Mit ihnen hatte auch Spengler zu kämpfen. Auch ihm schlug vor 90 Jahren erhebliche Kritik entgegen; er hatte jedoch – namentlich bei Themen wie etwa der Migration – noch kein derart irrationales Political-Correctness-Korsett zu sprengen, wie wir es heute kennen. Wer wagt es denn, auszusprechen, dass man gewisse Ängste der Menschen – etwa vor unkontrollierter Zuwanderung – ernst nehmen sollte? Dass solche Ängste sich nicht gegen jemanden richten, sondern einem Wunsch nach Abgrenzung entspringen? Und das Abgrenzung auch etwas mit kultureller Vielfalt zu tun hat?

Liefert uns Tom Wolfe also einen Gegenentwurf zu Spenglers Szenarien? Wäre es demnach eher als gesunder Reflex zu bewerten, wenn einwandernde Minderheiten sich gerade nicht „vermischen", gerade nicht in der Gastgesellschaft aufgehen – sondern sich behaupten wollen? Amerikas Probleme von heute waren oft Europas Probleme von morgen. Kristallisiert sie sich dort, jenseits des Atlantiks, gerade heraus, ungeplant, intuitiv, die Überlebensstrategie der Segregation: Abgrenzung statt Integration. Eigenständigkeit statt Vermischung. Festhalten an der eigenen kulturellen Prägung statt Anpassung an ohnehin nur noch verwaschen wahrnehmbaren Wertvorgaben gesättigter Wohlstandswelten?

Der Autor

Dr. Hans Jörg Schrötter, Journalist und Volljurist. Mitarbeiter der Deutschen Gesellschaft e. V., Berlin. Studium des deutschen und internationalen Rechts an den Universitäten Bonn, München, Genf und an der Akademie für Internationales Recht, Den Haag. Wissenschaftlicher Assistent am Institut für Internationales Recht der Universität München. Von 1990 bis 2012 Referatsleiter im Presse- und Informationsamt der Bundesregierung. Dort acht Jahre lang zuständig für Fragen des Ausländer-, des Asyl- und des Zuwanderungsrechts sowie der Integration.

Veröffentlichungen u. a.:
- Die Wahl des Europäischen Parlaments in der Bundesrepublik Deutschland, Schriftenreihe der Bundeszentrale für politische Bildung
- Das neue Europa, Idee – Politik – Zeitgeschichte, Carl Heymanns Verlag, 4. Auflage 2007
- Kleines Europalexikon, Geschichte, Politik, Recht, Verlag C. H. Beck im dtv Nr. 50691
- Mein Einbürgerungstest, Alle Fragen, alle Antworten, Verlag C. H. Beck im dtv Nr. 50695, 2. Auflage 2013
- Sind wir das Volk? – Demokratie made in Germany, Edition Lingen Stiftung, 2014

Die Edition Lingen Stiftung erscheint im Lingen Verlag, Köln
© 2014 by Helmut Lingen Verlag GmbH,
Brügelmannstr. 3, 50679 Köln
© 2014 Hans Jörg Schrötter
Projektleitung und Redaktion: Heinrich Hengst
Titelfoto: dpa – picture alliance
Grafik S. 28: dpa

MIX

Papier aus verantwortungsvollen Quellen

FSC® C104350

Printed in Germany
Alle Rechte vorbehalten.
www.edition-lingen-stiftung.de
www.facebook.com/ELSMagazin